LA GUARIGIONE DEL CUORE

CHIARA AMIRANTE

LA GUARIGIONE DEL CUORE

Spiritherapy: l'arte di amare e la conoscenza di sé

PIEMME

Pubblicato per

PIEMME

da Mondadori Libri S.p.A.

ISBN 978-88-566-6082-1

I Edizione marzo 2019

Anno 2019-2020-2021 - Edizione 6 7 8 9 10

Stampato presso Grafica Veneta S.p.A.
Via Malcanton, 2 – Trebaseleghe (PD)

Introduzione

Ho iniziato a percorrere i "deserti" delle nostre metropoli tanti anni fa per mettermi in ascolto del grido disperato del popolo della notte. È passato ormai tanto tempo da quella prima notte in cui piena di timori decisi di entrare in punta di piedi nelle storie di tanti mendicanti d'amore che popolano le strade delle zone più "calde" di Roma. Avevo deciso, con una buona dose di incoscienza, di addentrarmi proprio in quei luoghi considerati off-limits e più volte ho avuto la sensazione fisica di toccare con mano, o meglio con il cuore, l'inferno.

Fin dal primo incontro il grido di quel popolo ha trafitto il mio cuore. Una spada tagliente, inaspettata, mi ha colpito nella profondità dell'anima e quel grido è diventato il mio. In poco tempo il *popolo della notte* è diventato la mia famiglia, i ragazzi della strada miei nuovi compagni nel viaggio della vita.

Mi sono inabissata sempre più profondamente nei loro "inferi" per cercare la via verso la luce, la strada per scalare insieme gli impervi sentieri che portano alle alte vette dello spirito e arrivare a contemplare quegli orizzonti sempre nuovi di pace, di vita, di gioia che l'Amore vero ci dischiude.

Quanti deserti cocenti, quanti gelidi inverni, quante scalate impossibili.

Quanta sofferenza, disperazione, violenza, solitudine, quante lacrime ho raccolto in questi lunghi anni. Quante tenebre taglienti, silenzi assordanti! Quanti cuori feriti, spezzati, induriti.

Nel mio viaggio nei baratri infernali di strade desolate anche se affollate, ho conosciuto un popolo di sbandati, emarginati, disperati, ragazzi "morti nell'anima" pur se nel pieno della loro giovinezza. Ho ascoltato le loro storie, le loro aspirazioni, i loro sogni infranti, i loro mille tentativi diversi di raggiungere la felicità nelle vie che il mondo con prepotenza e talvolta con arroganza propone. In tanti hanno inseguito quei miraggi con passione, spensieratezza, determinazione, fatica, con la speranza sempre nuova ma puntualmente disillusa di raggiungere quella meta a cui il cuore aspira, quel porto sicuro dove trovare pace.

Volti segnati dalle sferzate della vita, cuori impietriti da colpi troppo dolorosi e profondi per non lasciare cicatrici indelebili. Giovani con storie, estrazioni sociali, culture, esperienze molto diverse ma tutti caratterizzati dal medesimo grido: «*Ho bisogno di amore!*».

Mendicanti di amore traditi dal consumismo che con il suo ossessionante "usa e getta" ha avvelenato anche le relazioni, causando ferite così profonde da costringere il cuore a difendersi, a "chiudersi". In troppi poi un altro grido, anche se sordo e spesso inconfessato, ha presto accompagnato se non sostituito il primo: «*Ho paura di amare*! Ho paura di aprire nuovamente il cuore perché ho paura di essere ferito, tradito, abbandonato!».

Nella giungla se vuoi sopravvivere ti devi difendere, devi combattere, indossare l'armatura, munirti di una solida corazza, altrimenti ti colpiranno nuovamente e ti feriranno mortalmente.

Credevo che le principali piaghe del disagio giovanile fossero le droghe, l'alcool, le poli-dipendenze... ma presto ho scoperto che il male più diffuso che accomuna un numero sempre crescente di persone è la SOLITUDINE. Un cuore ferito in profondità che prima si difende, poi si indurisce, fino in certi casi a scegliere, per ragione di sopravvivenza, di diventare di "pietra"!

È il paradosso del mondo contemporaneo: *la società della comunicazione è diventata una società della non-comunicazione*. Persone che si sentono sole pur se in mezzo a mille altre e con centinaia di "amici" in Facebook, Instagram, Twitter, Whatsapp... con cui chattare, il più delle volte parlando del nulla.

La società del benessere è di fatto diventata la società del male-essere: un mondo in cui si punta al denaro, al piacere, al successo, ad apparire per affermarsi sugli altri ma poi si sprofonda sempre più silenziosamente e vertiginosamente nel *malessere dell'anima*.

Un senso di inquietudine, ansia, solitudine, vuoto, angoscia che diventano una morsa sempre più schiacciante, fino a diventare insopportabile. E allora bisogna trovare qualche modo per anestetizzare questa sofferenza nel cuore... che siano le droghe, che sia l'alcool, le benzodiazepine, che siano i social, i "like" raggiunti, gli applausi, il sesso "usa e getta", il gioco d'azzardo, la tv, la PlayStation, l'alimentazione disordinata... qualunque cosa pur di non "sentire", pur di stordirsi.

Ciò che conta è trovare delle vie per cercare di anestetizzare quell'inquietudine dello spirito che ha le sue esigenze inascoltate e sempre scalpita, per attenuare in qualunque modo il dolore di quelle ferite del cuore che il più delle volte pur non avendo nome continuano a sanguinare.

Il malessere dello spirito! Le ferite del cuore!

Continuiamo a "nutrirci" di consumismo, edonismo, relativismo, narcisismo, individualismo, che ci portano a tentare di rispondere in tutti i modi al nostro bisogno di piacere, di apparire, di affermarci e *in nome del ciò che ci va, di ciò che ci piace, abdichiamo a ciò che è bene, a ciò che è giusto.*

Per soddisfare i bisogni materiali dimentichiamo le nostre aspirazioni più profonde, ciò che ci caratterizza rispetto a tutte le altre creature: lo spirito.

Quante volte ci mettiamo in profondo ascolto dei bisogni più profondi del nostro spirito? Bisogno di relazioni vere, di verità, di pace, di gioia piena, di dare un senso profondo alla nostra esistenza... bisogno di amore!

Sono profondamente convinta che siamo stati creati a immagine e somiglianza di Dio che è Amore e che *il bisogno fondamentale del nostro cuore è amare ed essere amati.*

Fin quando, troppo presi a soddisfare gli altri bisogni, non riusciremo a rispondere in pienezza a quel profondissimo bisogno di amore per cui siamo stati creati, non c'è nessuna realizzazione, pienezza, felicità.

Intense emozioni, divertimento, "sballo", fugace ebrezza e poi... di nuovo ansia, solitudine, insoddisfazione, vuoto, malessere!

Senza amore non c'è colore, non c'è sapore, non c'è felicità, perché l'amore è il respiro del nostro spirito, ciò che ci fa vivere, essere, esistere.

Numerosi studi hanno dimostrato che i danni riportati da bambini cresciuti nei primi anni di vita senza il primo basilare nutrimento di cui abbiamo bisogno, l'amore, sono più gravi della denutrizione, sia nel fisico che nella psiche.

Per essere felici abbiamo bisogno di donare e ricevere amore, ma diamo per scontato di sapere amare e non ci rendiamo conto delle tante trappole, ferite, che di giorno in giorno ci portano a chiudere il cuore.

Una delle prime cose che impariamo da piccoli è che se ci feriamo nel fisico dobbiamo subito disinfettare, curare quella ferita altrimenti si può infettare e potrebbe avere conseguenze dolorose per tutto il corpo. Eppure *nessuno ci dice come fare a riconoscere e curare subito anche le ferite del cuore, le cui conseguenze possono essere ben più gravi e dolorose di quelle del fisico.* Diamo per scontato che prima o poi guariranno da sole. Speriamo che con il tempo tutto passi da sé. Difficilmente abbiamo consapevolezza di quanto le ferite che non abbiamo voluto guardare, "medicare con cura", possono "fare ammalare" il nostro cuore, condizionare la nostra vita molto negativamente, fino a poterci rendere disabili, paralitici, handicappati, se non del tutto incapaci, nel donare e ricevere amore. *Troppo spesso ci rassegniamo a sopravvivere quando potremmo vivere in pienezza ogni istante che la vita ci regala, anche quelli più dolorosi.*

In questi anni ho vissuto giorno e notte accanto ai tantissimi giovani che, con la disperazione e la morte nell'anima, hanno bussato alle porte del mio cuore e delle comunità di accoglienza *Nuovi Orizzonti* in cerca di aiuto. Ho messo tutto il mio impegno nell'individuare le tante trappole che in maniera subdola continuano a generare malessere interiore nella nostra vita e ci sono di impedimento nell'assaporare quella pienezza di gioia, di pace, di libertà, che sono il frutto più bello dell'Amore vero. Ho cercato di comprendere come tante ferite arrivano a condizionarci e come fare per "curarle". Soprattutto ho cercato di mettermi a scuola di Colui che è l'Amore per imparare l'arte d'amare, l'unica arte davvero fondamentale per poter vivere ogni attimo della nostra vita in pienezza.

Se è vero, come noi cristiani crediamo, che il Signore della creazione è venuto ad abitare in mezzo a noi e ha detto «*io sono la Via la Verità la Vita*» (*Gv* 14, 6), chi meglio di Colui che ha creato il nostro cuore può mostrarci la via per guarirlo e per rispondere in pienezza a quelli che sono i bisogni più profondi del nostro spirito?

Cristo ci ha rivelato un segreto perché la sua Gioia sia in noi e la nostra gioia sia piena: «*Come il Padre ha amato me, così anch'io ho amato voi. Rimanete nel mio amore. Se osserverete i miei comandamenti, rimarrete nel mio amore, come io ho osservato i comandamenti del Padre mio e rimango nel suo amore. Questo vi ho detto perché la mia gioia sia in voi e la vostra gioia sia piena. Questo è il mio comandamento: che vi amiate gli uni gli altri, come io vi ho amati*» (*Gv* 15, 9-12).

Se vogliamo sperimentare la gioia piena a cui tanto profondamente il nostro cuore aspira, non è sufficiente che amiamo, abbiamo bisogno di imparare ad amare da Colui che è venuto a insegnarci cosa è l'amore per cui siamo stati creati: «*Amatevi come io ho amato voi*».

Ho iniziato così a proporre un percorso *di conoscenza di sé e guarigione del cuore su l'arte di amare* a migliaia di persone che mi hanno consegnato le loro lacrime, la loro sofferenza, le ferite profondissime del loro cuore. È un percorso che pur trovando le sue principali fondamenta nel Vangelo è rivolto a tutti. La maggior parte delle persone che arrivano nella Comunità Nuovi Orizzonti non hanno il dono della fede e il più delle volte se credono in Dio sono arrabbiate con lui a causa delle troppe sofferenze vissute.

D'altra parte Cristo, se per noi cristiani è niente di meno

che il Signore della creazione, anche per chi non crede resta comunque un grandissimo uomo che ha segnato la storia.

Con mia grande gioia ho constatato che questo percorso ha permesso, a tutti coloro che lo hanno fatto con impegno e serietà, di scoprire nuovi meravigliosi orizzonti e di trovare un fondamentale cammino di guarigione di ferite che da anni continuavano a "sanguinare" dolorosamente e a condizionare negativamente la loro vita. È stato inoltre di grande aiuto per tanti nell'individuare numerose trappole che subdolamente ci imprigionano e ci impediscono di assaporare quella pienezza della gioia che scaturisce dal vivere relazioni di amore vero.

Desidero quindi in questo libro condividere anche con te qualcosa di questo percorso di *conoscenza di sé e guarigione del cuore su l'arte d'amare* che ha riacceso la speranza in tanti che l'avevano persa e ha portato migliaia di persone distrutte, sole, schiacciate da croci troppo pesanti, a dedicare la loro vita per portare la gioia a tanti altri in situazioni di grave disagio.

Questo libro non è un manuale di psicologia e non vuole esserlo.

È piuttosto la proposta di un itinerario che vuole accompagnarti nel riscoprire le tante potenzialità racchiuse nel tuo spirito che possono aiutarti a superare e trasformare il dolore condizionante e a volte paralizzante di tante ferite profonde del cuore.

Nel nostro spirito c'è un potenziale immenso che il più delle volte resta inespresso. Si parla tanto di come fare a sviluppare il potenziale della nostra mente, ci sono corsi di ogni genere in questo senso ma non ho mai sentito nessuno parlare delle ben più grandi potenzialità presenti nel nostro spirito e di quanto sia fondamentale imparare a scoprirle e metterle a frutto per vivere al meglio la vita.

Dopo anni di esperienza accanto a persone "imprigionate" in situazioni drammatiche sono più che convinta che è proprio nel nostro spirito che possiamo trovare tante chiavi fondamentali per la guarigione del cuore e per custodire la pace anche nelle tante situazioni dolorose che siamo chiamati a vivere.

Senza nulla togliere alla psicologia, alla psicoterapia, e alle cure mediche, a cui naturalmente bisogna ricorrere nel caso di patologie mentali, devo dire che riguardo al malessere che deriva da tante ferite del cuore e all'ansia che tende sempre più a caratterizzare l'uomo contemporaneo, grazie a quella che io chiamo "SPIRITOTERAPIA", ho visto risultati incredibili proprio in persone che dopo anni di sedute di psicanalisi o di psicoterapia continuavano ad essere in balìa del proprio malessere.

L'esperienza di questi anni vissuti costantemente a contatto con persone in situazioni di profondissimo disagio e spesso di disperazione mi hanno portato alla convinzione dell'importanza e urgenza di scoprire i benefici che un serio percorso spirituale può portare nella vita di tutti, credenti e non.

Per questo vorrei proporre anche a te la "spiritoterapia" basata sull'arte d'amare: un percorso di conoscenza di sé, di guarigione interiore che porta alla felicità grazie alla riscoperta delle potenzialità racchiuse nel nostro spirito. Per chi ha il dono della fede, grazie anche alla preghiera del cuore che ci permette di fare l'esperienza risanante dell'Amore di un Dio a cui niente è impossibile, che ci ama personalmente, si prende cura di noi con immensa tenerezza se solo glielo permettiamo.

In questi anni ho visto migliaia di vite cambiare, giovani rinascere e percorrere le stesse strade in cui vivevano di espedienti, sballo, sesso, violenza, solitudine disperazione... per testimoniare la scoperta della pienezza della Gioia. Ho sperimentato che tutto può l'Amore, che l'Amore è più forte... ho visto l'Amore vincere!

Sono quindi assolutamente convinta che impegnarsi in un itinerario di "spiritoterapia", di conoscenza di sé e guarigione del cuore, può essere di grandissimo aiuto per riscoprire la via per la felicità, per raggiungere la piena realizzazione, per mettere a frutto le nostre grandi potenzialità inespresse e fare risplendere, in tutta la sua bellezza, quella meravigliosa "scintilla divina" presente in ciascuno di noi.

Il percorso di *spiritherapy*, *conoscenza di sé e guarigione del cuore su l'arte d'amare*, che da anni propongo a tantissimi che vi partecipano con impegno e passione, nasce dall'esperienza di molti anni vissuti giorno e notte accanto a chi è sprofondato in baratri talmente infernali che è difficile poter immaginare. In questo manuale desidero proporti un percorso di consapevolezza delle ferite condizionanti e degli atteggiamenti non sani che diventano trappole che ci imprigionano nel malessere, con la proposta di esercizi concreti da fare con costanza, fino a interiorizzare nuove abitudine risananti, liberanti, potenzianti.

È quindi fondamentale che non ti limiti a leggere questo libro ma che prendi l'impegno di fare gli esercizi proposti nelle schede alla fine di ogni capitolo. Solo se farai gli esercizi con costanza, fino a modificare le tue abitudini non sane e a sostituirle con nuovi atteggiamenti proposti, potrai sperimentare i frutti di guarigione, di pienezza, di gioia piena che ne scaturiscono!

La stessa sofferenza, solitudine, malessere, disperazione che caratterizza il popolo della strada l'ho ritrovata in troppi ragazzi delle scuole di quartieri benestanti, nelle persone di successo, di potere, in molte di quelle pienamente "realizzate" secondo i canoni del mondo. Ho quindi sentito l'esigenza di proporre un itinerario semplice, anche se molto impegnativo, che fosse a portata di tutti, non solo dei ragazzi accolti residenzialmente in comunità. Si tratta di un percorso che sarebbe bene fare in gruppi di approfondimento guidati da persone che già lo hanno fatto con serietà e interiorizzato.

In questo manuale non potrò riassumere tutti i passaggi che caratterizzano l'intero percorso di conoscenza di sé e guarigione interiore che ogni anno propongo a più di trecento gruppi legati a Nuovi Orizzonti. Si tratta infatti di un percorso composto da seminari e approfondimenti in gruppi di condivisione che dura quattro anni, o meglio tutta la vita. Cercherò piuttosto di focalizzare alcuni dei passaggi più importanti per individuare e curare le ferite condizionanti e per liberarsi da alcune delle trappole che ci sono di impedimento nel vivere nella pienezza dell'Amore. Spero con tutto il cuore, che quanto condividerò qui, frutto dell'esperienza di questi trent'anni di cammino con persone in situazione di disagio, possa essere un aiuto anche per te come lo è stato già per tantissimi.

Spero sia un primo supporto utile se sei stanco di accontentarti di combattere o di convivere con la tua insoddisfazione, il tuo malessere, cercando di anestetizzarlo in qualche modo ma desideri piuttosto vivere ogni attimo in pienezza.

Abbiamo una vita sola e ogni istante è troppo prezioso per non mettere tutto il nostro impegno per viverlo al meglio!

1

CHI SONO

Conosci te stesso

Chi sono?

È una domanda fondamentale che ci aiuta a vivere con consapevolezza e in pienezza ogni attimo che ci viene regalato. Eppure difficilmente permettiamo a questa domanda di raggiungerci in profondità e metterci in crisi. Rischiamo di spendere tanto tempo ed energie nel tentare di rispondere alle continue pressioni, urgenze, cose importanti da fare, aspettative che gli altri hanno su di noi e di trovare troppo poco tempo per fermarci e rispondere in profondità a questa importante domanda.

Forse fermarci per crescere nella consapevolezza del grande mistero che siamo, di ciò che ci fa essere, esistere, ci fa un po' paura. Preferiamo continuare a correre, lasciarci portare dalla corrente, piuttosto che fermarci per prendere in mano il timone della nostra vita, per raggiungere le mete per noi più importanti.

Chi sono? Cosa voglio? Dove sto andando?

Quando ti sei posto/a queste domande con serietà? Quanto tempo dedichi a trovare una risposta che ti convinca davvero? Quanto le tue scelte, decisioni, impegni di ogni giorno sono coerenti con le risposte più vere che hai trovato a queste domande?

Chi sei? Prova a rispondere subito! Qual è la risposta immediata che dai a questa domanda? Prova a scriverla senza pensarci sopra, di getto. Scrivi subito la prima risposta che ti viene in mente.

Queste prime parole che il cuore ti suggerisce sono importanti perché possono rivelarti qualcosa della percezione più immediata che in questo momento hai di te.

Non ti accontentare però di questa prima risposta. Lasciati ancora interpellare in profondità da questa domanda per scoprire l'immenso potenziale racchiuso nel tuo spirito. Se desideri scoprire chi sei realmente non limitarti a rispondere con qualche ruolo, professione, caratteristica in cui tendi a identificarti di più: «sono una brava mamma», «sono un padre responsabile», «sono una persona di successo», «sono timido e insicuro», «sono un brillante avvocato», «sono un marito mediocre», «sono una brava ragazza», «sono un ribelle», «sono un fallito!»...

Sono tanti i ruoli, le caratteristiche, le etichette, gli errori... con cui tendiamo a identificarci ma è fondamentale fare un lungo viaggio per rispondere davvero, con serietà e in verità, a questa domanda fondamentale.

Prova a fare ora un elenco di tutte le riposte che ti vengono in mente per rispondere a questa domanda.

Chi sei?

Non avere fretta scrivi tutto ciò che ti viene in mente! Non ti accontentare della prima risposta. Aggiungi tutto ciò che pensi sia importante per potere dire agli altri e a te stesso qualcosa della percezione che tu hai di te, di quelle che consideri essere le tue principali caratteristiche, la tua identità più vera e profonda. Non andare avanti nella lettura di questo libro senza avere prima messo per iscritto un elenco di risposte che ti soddisfino e in cui ti riconosci davvero, guardandoti in verità.

Da dove vengo?

Ora prova a spogliarti di ogni aggettivo, ruolo, caratteristica, etichetta, maschera, errore, talento, professione... con cui tendi a identificarti e cerca di entrare in contatto con il mistero del tuo essere. Quella *scintilla divina* che è in te, che ti fa esistere, che ti rende una persona unica e irripetibile.

Prendi consapevolezza del tuo corpo, della tua mente, del tuo cuore, delle tue aspirazioni più profonde, della tua anima, del tuo spirito.

Vai oltre ogni definizione che tende a incasellare ciò che sei e prova a immergerti nel mistero del tuo "*essere*", di ciò che ti fa esistere, della tua anima, del tuo spirito.

Spogliati di ogni definizione di te e cerca di cogliere l'essenza più profonda di ciò che sei.

Cosa resta di te?

Prova a pensare a quella infinitesima particella di protoplasma che si è evoluta in feto, poi in neonato, poi in bambino, ragazzo, giovane, adulto, persona matura... Quel feto, neonato, bimbo, ragazzo... eri sempre tu!

Il tuo corpo è cambiato incredibilmente negli anni ma in tutte le stagioni della tua vita quella scintilla divina che ti fa esistere, il mistero che è il tuo spirito, continua a farti essere proprio te e nessun'altro.

Al di là di tutti i cambiamenti e le diverse fasi della tua

vita qual è l'essenza più profonda di te, ciò che ti fa essere te stesso?

Contempla il mistero che è in te, ciò che ti permette di essere, di poter ripetere: io sono!

Lasciati sorprendere dal mistero di bellezza che risplende nel tuo spirito, nella tua anima. Quante cose avvengono nel tuo corpo, nella tua mente, nel tuo cuore, nel tuo spirito di cui non hai nessuna consapevolezza?

Pensa ad esempio al tuo cervello, quante incredibili operazioni fa ogni secondo quel piccolo organo, che è parte di te, per permetterti di leggere, pensare, vedere, ricordare ciò che stai facendo, respirare, ascoltare, provare emozioni!

Mentre la tua mente in questo momento è assorta in ciò che stai leggendo, nel tuo corpo succedono tantissime cose che si armonizzano con una perfezione inimmaginabile, senza che tu ne sia in nessun modo consapevole: le tue cellule si riproducono, il tuo cuore batte più o meno velocemente a seconda delle emozioni che provi, i polmoni fanno il loro "lavoro" perché tu possa ricevere l'ossigeno senza il quale non potresti più vivere, il sangue scorre, i tuoi anticorpi sono in azione per difenderti... che mistero!

Tutto ciò che avviene in ogni più piccola parte del tuo corpo senza che tu ne abbia alcun tipo di consapevolezza è di una complessità che ha davvero dell'incredibile!

Il tuo corpo può essere studiato con mille strumenti sempre più sofisticati che ti permettono di scoprire le possibili anomalie che minacciano la tua salute fisica. Ma il tuo corpo è parte di te non sei tu. Puoi essere in splendida forma fisica eppure sentirti a pezzi, disperato.

Per quanto impegno metti nell'apparire bello, anche tu invecchierai, la tua bellezza esteriore sfiorirà. Il tuo aspetto continuerà a cambiare, eppure tu sarai sempre tu e anche quando il tuo corpo inizierà a invecchiare, nel tuo spirito potrà risplendere ancora di più quel "mistero di bellezza" presente in te.

Tu senti che *sei*, senti che c'è qualcosa in te che ti permette di *esistere*, puoi percepire ciò che ti fa "*essere*", che è in te, ma non puoi in alcun modo vedere, afferrare il tuo soffio vitale, ciò che ti permette di essere sempre te, nonostante il tuo corpo continui a cambiare. Il tuo spirito, lo percepisci ma non riesci a vederlo, a comprenderlo. È qualcosa di talmente immenso e inafferrabile, che forse ti fa anche un po' paura e inconsciamente preferisci non pensarci.

Lo spirito

Da dove arrivi? Cosa è quella scintilla divina che ti ha dato la vita e in ogni istante ti permette di esistere? Chi l'ha accesa? Tutta la perfezione che sei, la bellezza e l'immensità del creato, è tutto semplicemente frutto del caso? C'è stato il Big Bang e poi casualmente si è formato l'universo con migliaia di galassie? La perfezione del microcosmo e del macrocosmo, con la precisione delle leggi che li regolano e che sembrano volere essere la firma di un medesimo autore!

Tu sei venuto al mondo, esisti e poi muori perché il caso ha voluto così?

Un giorno di ormai tanti anni fa, avevo cinque anni, mi trovavo nella mia stanza e dalla finestra, guardavo il cielo, un po' stupita e un po' rapita dalla bellezza del firmamento. Mentre pensavo alla bellezza, maestosità, immensità del creato mi sono posta per la prima volta questa domanda: ma io chi sono? Da dove vengo? Ricordo quel momento come fosse ora. Era una domanda che nessuno mi aveva mai fatto e che anche io non mi ero mai posta. Sapevo di essere Chiara, una bambina vivace, allegra, che amava il mare, la natura, giocare, divertirsi insieme agli altri bambini... e questo mi bastava!

Avevo una splendida famiglia, tanti amici, mi sentivo molto amata, ero quindi felice.

Non so bene da dove o come è arrivata questa domanda. Certo è che fin da subito mi ha raggiunto in profondità e mi sono sentita disorientata e turbata.

«Il cielo, la creazione, l'universo... che meraviglia!... ma io chi sono? Cosa è quel qualcosa che è in me e mi fa esistere, essere Chiara e nessun altro?»

Per la prima volta ho avuto consapevolezza della mia anima ho provato a prendere contatto con il mio spirito, con il mio essere. Continuavo a ripetermi: «Chi è Chiara? Io chi sono?».

Più mi ponevo questa domanda e non mi accontentavo della prima risposta che mi veniva in mente e più cresceva in me una strana sensazione di inquietudine, di paura!

Era troppo grande questo mistero! A cinque anni trovarsi a dire con consapevolezza: «Io sono! Che cosa è che mi permette di essere, vivere, esistere? Il mio spirito? L'essenza profonda di me? Io sono, ma chi sono?», ti fa sentire persa, smarrita, impaurita dinanzi alla percezione di un mistero troppo grande.

Ero una bambina spensierata abituata a giocare, divertirsi, scherzare, facevo sì tante domande, sempre, come tutti i bambini, anzi di più... ma quella domanda, in quel momento, mi ha colto del tutto impreparata!

Guardare con consapevolezza nuova al mistero di ciò che

sono, della scintilla divina che è in me, era un'emozione del tutto nuova che mi provocava un notevole smarrimento!

Quella percezione indescrivibile che ho sperimentato quella sera si è poi ripetuta tante volte. Ho continuato in molti momenti a fermarmi e a interrogarmi di nuovo.

Ogni volta: il mistero! E il mistero fa un po' di paura.

Non riuscivo a comprendere, afferrare, definire il mio spirito ma lo percepivo.

Il nostro spirito di fatto è qualcosa di inafferrabile, di divino, di incommensurabile, indicibile, è qualcosa che non riesci a "incasellare" in nessun modo.

Il mistero dell'essere! Prendere contatto con questo mistero è un'esperienza davvero straordinaria che poche volte ci permettiamo di fare. Siamo troppo distratti e impegnati in ciò che ci appare importante. Eppure è davvero fondamentale immergersi senza timore in questa esperienza per vivere in pienezza la nostra vita e non quella di altri ed evitare di continuare a girare come trottole, nel frullatore delle mille cose da fare, trascinati dalla corrente.

Chi sei? Cosa vuoi davvero? Dove stai andando? Le tue decisioni di ogni giorno sono coerenti con le aspirazioni più profonde del tuo cuore? Del tuo spirito?

Quella stessa sensazione di smarrimento vissuta in quella sera di tanti anni fa, in cui per la prima volta ho avuto un po' di consapevolezza del mistero del mio essere, del mio esistere, del mio spirito, a volte la provo ancora, nonostante in tutta la mia vita non abbia mai smesso di impegnarmi nel conoscere me stessa in profondità e nell'accompagnare tanti in percorsi di conoscenza di sé e guarigione del cuore.

La scintilla divina che è in noi e ci fa essere ciò che siamo è un mistero grande, è un mistero immenso.

Mi ricordo poi che il giorno dopo feci subito il tentativo di parlarne con i miei amichetti, di condividere con qualcuno questa mia esperienza di smarrimento, misto a gioia e paura.

I miei amici mi guardavano con certi occhi... si sforzavano di capire cosa volessi comunicare loro ma all'improvviso avevo la sensazione di parlare una lingua a loro incomprensibile.

Ne ho poi parlato con mia mamma, che mi ha ascoltato con grande tenerezza ed empatia, non mi ha dato nessuna risposta, perché è una domanda che ha bisogno di tutta una vita per trovare la risposta, ma da lei mi sono sentita capita in profondità e questo mi ha rasserenato. Per me era stata un'esperienza grande, fondamentale: e da quel momento è nato in me il desiderio di diventare sempre un po' più consapevole del mistero che è il nostro essere, quella scintilla divina che ha acceso in noi *Colui che È*!

Ho il corpo, la psiche, la mente ma c'è anche lo spirito, quel soffio vitale divino che mi permette di dire consapevolmente: *Io sono*! Io sono al di là del mio corpo, sono al di là di ciò che sto facendo, al di là dei miei pregi o difetti, di ciò che penso e che provo.

C'è in me lo spirito, c'è un qualcosa di inafferrabile che mi fa essere, mi fa esistere. Il mistero della vita, dell'esistere, dell'esserci, il mistero di essere riflesso di quel *Dio* che «*è Colui che È*», e ci rende partecipi di una scintilla divina di sé.

Noi siamo, esistiamo perché *Colui che È* ha acceso una scintilla divina in noi.

Il mistero

Sono profondamente convinta che per rispondere a questa fondamentale domanda, «*Chi sono?*», dobbiamo continuare a immergerci nel mistero. Mai accontentarci delle risposte che il mondo ci dà o ci impone, delle etichette in cui ci siamo in qualche modo incasellati, delle varie caratteristiche che ci appartengono in profondità o con cui gli eventi della vita ci hanno portato a identificarci.

Lasciamo che questa domanda ci interpelli, ci lavori, ci raggiunga in profondità. Mettiamo in crisi tutte le nostre presunte certezze su di noi e mettiamoci in viaggio alla ricerca della verità sul nostro essere.

Proviamo a iniziare insieme questo viaggio mettendoci in ascolto di alcune risposte che troviamo nella *Parola di Dio*. Molte volte noi, che ci diciamo cristiani, quando leggiamo a messa la Sacra Scrittura ripetiamo distrattamente: «*Parola di Dio. Rendiamo grazie a Dio*!».

Di fatto però dedichiamo così poco tempo a meditare la Bibbia. Se è vero che attraverso di essa il nostro Creatore ci parla, ci rivela delle verità fondamentali per la nostra esistenza, dovremmo trovare il coraggio di lasciarci mettere in crisi in profondità dalla Parola di Dio. Credo che anche per chi non ha il dono della fede sarebbe comunque importante provare a meditare e scrutare, con sincero interesse e onestà intellettuale, sempre alla ricerca della verità, un libro che da miliardi di persone è considerato sacro, o più precisamente: *Parola di Dio*.

Parole di luce

Vorrei allora condividere con te alcune risposte che ho trovato proprio nella Sacra Scrittura a questa domanda.

Iniziamo da un brano della Genesi noto a cristiani, persone di altre religioni e non credenti.

«E Dio creò l'uomo a sua immagine; a immagine di Dio lo creò: maschio e femmina li creò» (Gn *1, 27)*.

È una rivelazione incredibile! Quante volte l'abbiamo letta, ascoltata, ripetuta. Ma ci siamo mai lasciati raggiungere fino in fondo da queste parole di luce?

Creati a immagine e somiglianza di Dio!

Quante volte ci hai pensato? Riesci a crederci davvero?
Non sei semplicemente una bella persona, un padre di famiglia onesto e responsabile, un professionista di successo, una donna brillante, una bravissima madre e sposa, un ragazzo pieno di talenti... sei stato creato/a niente di meno che a immagine e somiglianza di Dio!

Se questo è vero, ed è la verità più profonda sul nostro essere che la Parola di Dio ci rivela, perché allora troppe volte ci accontentiamo di sentirci persone mediocri o anche brave ma ben lontane dal vivere con consapevolezza e far risplendere in tutta la sua bellezza quell'immagine e somiglianza di Dio impressa nel nostro spirito?
Pensa che potenziale immenso è racchiuso nel tuo spirito! Pensa che meraviglia, che bellezza, quanti talenti da scoprire e mettere a frutto! Quante opere stupende da realizzare con tutta la nostra passione e impegno!

Un'altra luce:

Quando vedo i tuoi cieli, opera delle tue dita, la luna e le stelle che tu hai fissato, che cosa è mai l'uomo perché di lui ti ricordi, il figlio dell'uomo, perché te ne curi?... Davvero l'hai fatto poco meno di un angelo, di gloria e di onore lo hai coronato (Sal *8, 4-6).*

Dio, che ha creato l'universo nella sua immensità, pone il suo sguardo proprio sull'uomo e se ne prende cura, tanto che Gesù arriva ad affermare: «*Perfino i capelli del vostro capo sono tutti contati*» (*Mt* 10, 30).

Dio, il Signore della creazione, si prende cura di ciascuno di noi e ci ha creati poco meno degli angeli, ci ha rivestiti di gloria e di onore!

Anche questa è una verità che troppo spesso dimentichiamo, non permettiamo all'angelo che è in noi di vivere, librarsi negli orizzonti dell'immensità, il più delle volte resta imprigionato nel blocco di marmo dei nostri peccati. Non permettiamo al Grande Artista di "scolpirci" per fare venire alla luce tutta la bellezza del capolavoro che siamo. Non seguiamo la legge dello spirito iscritta nel nostro cuore, ci lasciamo piuttosto portare dalla legge della carne (*Gal* 5, 16-25) e a volte preferiamo vivere come animali invece che come angeli.

C'è un'altra frase bellissima nel Nuovo Testamento. Nella prima lettera ai Corinzi di san Paolo (quindi per chi è cristiano è sempre Parola di Dio): «*Non sapete che siete tempio di Dio e che lo Spirito di Dio abita in voi?*» (*1 Cor* 3, 16).

Non solo siamo stati creati a immagine e somiglianza di Dio, poco meno degli angeli, rivestiti di gloria ma *siamo chiamati a essere tempio di Dio, dimora dello Spirito Santo, di tutta la Trinità!*

«Se uno mi ama, osserverà la mia parola e il Padre mio lo amerà e noi verremo a lui e prenderemo dimora presso di lui» (Gv *14, 23).*

Sei una meraviglia stupenda

Non siamo frutto del caso. Colui che è il Creatore del cielo e della terra, l'Onnipotente, Colui che supera ogni bellezza, l'Artista degli artisti ci ha intessuto nel grembo di nostra madre e ha fatto di noi una meraviglia stupenda: «*Sei tu che mi hai tessuto nel seno di mia madre. Io ti rendo grazie: hai fatto di me una meraviglia stupenda; meravigliose sono le tue opere*» (*Sal* 139, 13-14).

Forse ti viene difficile credere in questa meravigliosa notizia perché non hai il dono della fede e non credi che Dio esista. Ti chiedo allora di provare almeno per un po' ad aprirti a questa possibilità. E se fosse vero? D'altra parte non potrai mai dimostrare scientificamente la non esistenza di Dio e per quanto ti pare più razionale che tutta la perfezione dell'universo, il sistema solare, le migliaia di galassie, tutto il mistero immenso che tu sei, la straordinaria precisione delle migliaia di operazioni che il tuo cervello è in grado di compiere ogni giorno senza che tu interferisca in alcun modo... sia tutto frutto del caso, si siano misteriosamente auto-ordinate componendo il capolavoro pazzesco della creazione, prova comunque a domandarti: ma come può dal nulla auto-crearsi l'universo, dal disordine un sistema così complesso regolato dalle medesime leggi fisiche? E prima del Big Bang cosa c'era? E prima ancora?

Davvero ti pare razionale credere che tutta la meraviglia del creato, la complessità del microcosmo e del macrocosmo regolati da leggi così precise e uguali, si auto-generi con così tanta perfezione dal nulla... e un po' come pensare che un'opera d'arte maestosa e meravigliosa possa auto comporsi.

Non potrebbe invece essere che le leggi impresse in tutta la creazione che regolano gli atomi, come pure le galassie, siano piuttosto una prova che questo immenso capolavoro che è il creato è la straordinaria opera d'arte dello stesso artista, unico, straordinario, divino?!

Forse invece credi nell'esistenza del Creatore ma ti viene piuttosto difficile riuscire a credere a queste risposte riguardanti la grandezza dell'uomo, rivelate nella *Parola di Dio*, semplicemente perché ogni volta che ti guardi allo specchio non riesci a vedere la meraviglia stupenda che sei, né tanto meno la vedi nelle tante persone che ti circondano.

Io penso che se ci apriamo all'ipotesi che un Dio che è amore è lo stesso artista che ha realizzato il capolavoro della creazione in tutta la sua maestosa bellezza, allora diventa difficile credere che si sia potuto "distrarre" proprio nel momento in cui ha creato te.

Mi sembra decisamente più razionale credere che un artista del suo calibro non possa fare altro che realizzare opere d'arte stupende: «*Hai fatto di me una meraviglia stupenda; meravigliose sono le tue opere!*» (*Sal* 139, 14). Poi se è anche vero, come il cristianesimo ci insegna, che Dio che è amore ci ha fatto dono del libero arbitrio sta a noi scegliere se percorrere la strada che lo stesso Signore, via, verità e vita, ci ha mostrato, per fare risplendere l'immagine e somiglianza di Dio impressa nel nostro spirito o se invece scegliere, accecati dalla nostra superbia e presunzione, di continuare a sfigurare il capolavoro stupendo che siamo.

Se tu hai un figlio molto bello e quel tuo figlio decide di correre con la sua moto sempre a tutta velocità, senza mai ascoltare i tuoi suggerimenti, senza rispettare la segnaletica e i limiti di velocità con molta probabilità farà degli incidenti. Al decimo incidente che fa in cui si rompe tutte le ossa e si sfigura il viso con bruciature e cicatrici può forse venire da te e arrabbiarsi perché tu lo hai fatto brutto? Se non vuole vivere di menzogne dovrà riconoscere che tu lo avevi fatto bellissimo ma lui nella sua superbia non ha voluto dare ascolto ai tuoi continui suggerimenti d'amore per impedire che potesse farsi del male ed è arrivato così, incidente dopo incidente a distruggere, sfigurare il suo splendido corpo.

Qualcosa di simile avviene con il nostro spirito. L'Artista degli artisti lo ha creato bellissimo, con un potenziale immenso, "divino", ma noi, accecati dalla nostra superbia, arroganza, troppo spesso non ascoltiamo nessuno dei suoi suggerimenti d'amore per vivere la nostra vita in pienezza, non rispettiamo la "segnaletica" che Lui ci ha dato e che è impressa nella nostra coscienza, e continuiamo a schiantarci, a sfigurare la divina bellezza che ci caratterizza, o magari sono altri che non curanti della "segnaletica divina" ci hanno investito, ferito, più e più volte, ma questo non vuole dire che il Creatore non abbia fatto di noi «*una meraviglia stupenda*» (cfr. *Sal* 139).

In sintesi

Dunque le quattro risposte *che troviamo nella Parola di Dio, alla nostra domanda: chi sono*?, sono *davvero incredibili e che tu abbia il dono della fede oppure no ti suggerisco di provare a prenderle in seria considerazione.*

Siamo:

1. *Creati a immagine e somiglianza di Dio.*

2. *Poco meno degli angeli.*

3. *Tempio di Dio, dimora dello Spirito Santo.*

4. *Una meraviglia stupenda.*

Domande di approfondimento (rispondi per iscritto)

- Chi sono?

- Quali sono le mie principali caratteristiche?

- Quali i miei pregi, i miei talenti e i miei difetti, fragilità, debolezze?

- Quali i ruoli in cui tendo a identificarmi?

- Quali le etichette in cui spesso mi sento incasellato?

- Cosa resta della mia identità se provo a spogliarmi dei miei ruoli, delle etichette e giudizi in cui mi identifico, di ciò che faccio, di ciò che ho, del mio lavoro, degli obiettivi raggiunti, di pregi e difetti?

- Credo che sono creato a immagine e somiglianza di Dio e che nel mio spirito c'è un immenso e meraviglioso potenziale tutto da scoprire?

- Credo che Dio ha fatto di me una meraviglia stupenda?

- Cosa sto facendo per farla risplendere in tutta la sua bellezza?

- Quali sono invece i miei comportamenti, vizi, scelte, atteggiamenti e abitudini non sane che mi portano a sfigurarla?

- Quali sono le potenzialità presenti nel mio spirito? Le sto mettendo a frutto?

- Quanto tempo dedico a migliorarmi?

- Cosa faccio in concreto ogni giorno per sviluppare il potenziale spirituale che è in me?

• Cosa potrei fare di più? Individuare impegni concreti.

• Compilare due liste differenti.

• Scrivi di getto, senza pensarci tutte le risposte che immediatamente ti vengono in mente ponendoti la domanda: «Chi sono?».

• Prenditi una giornata di silenzio e preghiera/meditazione. Immergiti nel mistero del tuo spirito dell'essenza vitale di ciò che sei. Mettiti in ascolto dei tuoi bisogni, aspirazioni più profonde, spogliati di tutti i giudizi e pregiudizi in cui tendi a incasellarti e compila nuovamente la tua lista. Se hai il dono della fede scrivi la nuova lista pregando e dopo avere chiesto il dono dello Spirito Santo.

• Nelle settimane successive trova ancora del tempo per riguardare le liste che hai compilato e continuare a modificarle, completarle.

• Prenditi poi del tempo di qualità con la persona che più ti ama e ti conosce in profondità per condividere quanto hai scritto e ascoltare cosa lei ne pensa.

Parola di luce. Esperienza risanatrice

«E Dio creò l'uomo a sua immagine; a immagine di Dio lo creò: maschio e femmina li creò» (Gn *1, 27).*

«Quando vedo i tuoi cieli, opera delle tue dita, la luna e le stelle che tu hai fissato, che cosa è mai l'uomo perché di lui ti ricordi, il figlio dell'uomo, perché te ne curi?... Davvero l'hai fatto poco meno di un angelo, di gloria e di onore lo hai coronato» (Sal *8, 4-6).*

«Non sapete che siete tempio di Dio e che lo Spirito di Dio abita in voi?» (1 Cor *3, 16).*

«Se uno mi ama, osserverà la mia parola e il Padre mio lo amerà e noi verremo a lui e prenderemo dimora presso di lui» (Gv *14, 23).*

«Sei tu che mi hai tessuto nel seno di mia madre. Io ti rendo grazie: hai fatto di me una meraviglia stupenda; meravigliose sono le tue opere» (Sal *139, 13-14).*

Passaggi fondamentali

- Dalla superficialità alla profondità.
- Prendere consapevolezza del mistero che siamo.
- Dai bisogni materiali a quelli spirituali.
- Riscoprire le nostre meravigliose potenzialità e impegnarsi in ogni modo per metterle a frutto.

2
IL SÉ SPIRITUALE, L'IO PASSIONALE
Trappole che ti impediscono di riconoscere e sviluppare il tuo potenziale spirituale

Si parla spesso del potenziale racchiuso nella nostra mente, nel nostro cervello di quanto potremmo sfruttare meglio le nostre risorse mentali. Ci sono diversi tipi di percorsi che molti propongono per sviluppare le potenzialità della nostra mente.

Difficilmente però dedichiamo tempo e impegno e troviamo un minimo di supporto per approfondire i tanti aspetti legati alle immense potenzialità racchiuse nel nostro spirito, che troppo spesso rimangono inesplorate e inespresse.

Se è vero, come ci rivela la Sacra Scrittura, che siamo creati a immagine e somiglianza di Dio, il nostro potenziale spirituale deve essere davvero straordinario!

Eppure ne abbiamo pochissima consapevolezza e dedichiamo così poca attenzione nel riconoscere, scoprire, sviluppare, le tante potenzialità racchiuse nel nostro spirito. Qualche volta, magari in seguito a qualche "crisi mistica", proviamo ad affacciarci con una certa curiosità al vasto e complesso mondo della spiritualità ma il più delle volte ci si rivolge a maestri "improvvisati", ai tanti "supermarket" delle "pseudo-spiritualità", ai vari "guru" a disposizione, a delle tecniche di meditazione "fai da te", alle varie filosofie e correnti esoteriche più in voga, a uso e consumo dei bisogni del momento.

Dopo un primo momento di entusiasmo si torna facilmente alla vita "normale", intrisa di materialismo, edonismo, consumismo e si dimentica il mondo dello spirito per continuare a dedicarsi alle cose materiali, ai piaceri immediati che la vita ci offre, agli svaghi a portata di mano che lì per lì sembrano riuscire ad anestetizzare almeno un po' le tante forme di malessere che di volta in volta ci accompagnano.

L'effetto anestesia però è solo temporaneo e il malessere torna puntualmente a imprigionare in una morsa sempre più dolorosa la nostra anima, il nostro spirito.

Non è sufficiente per arrivare a stare bene rispondere ai bisogni del nostro fisico e dare il giusto nutrimento al nostro corpo. Non basta neanche essere più attenti alle esigenze della nostra psiche, che vanno sicuramente riconosciute, ascoltate, rispettate.

È necessario che riconosciamo e rispondiamo anche ai bisogni del nostro spirito.

C'è una scintilla divina in ciascuno di noi. Nel nostro spirito ci sono potenzialità meravigliose che ci permettono di vivere al meglio la nostra vita e di riuscire a fare fronte alle tante situazioni drammatiche che siamo chiamati ad affrontare. Grazie alla nostra dimensione spirituale possiamo scoprire in noi una forza interiore che non avremmo mai immaginato poterci appartenere.

Tutto è possibile per chi crede

Se non prestiamo le necessarie attenzioni al nostro fisico e alla nostra psiche ci ammaliamo. Lo stesso avviene per il nostro spirito!

Il problema è che nella nostra società si dà tantissima attenzione al fisico, alle apparenze, all'immagine. Si inizia a ricorrere di più alla psicologia per fare fronte ai sintomi sempre più diffusi, dovuti alla quantità crescente di stress che tutti subiamo ma, per quanto riguarda l'attenzione alla spiritualità, siamo ancora davvero troppo mancanti.

Non solo non dedichiamo del tempo a riconoscere e sviluppare le nostre potenzialità spirituali, ma troppo spesso *ci dimentichiamo completamente che ciò che ci distingue da ogni altra creatura è proprio la nostra dimensione spirituale e che i nostri bisogni spirituali sono assolutamente fondamentali.*

Non possiamo illuderci di trascurare completamente le esigenze, le aspirazioni più profonde del nostro spirito senza che questo abbia delle ripercussioni decisamente negative nella nostra vita.

I santi hanno dedicato tutto il loro impegno nel camminare secondo lo spirito e, pur essendo semplici uomini e donne, con tutte le loro fragilità, debolezze, povertà, hanno realizzato opere meravigliose la cui luce continua, anche dopo secoli, a risplendere nel firmamento dell'eternità. Hanno avuto l'intelligenza di non lasciarsi sedurre dai falsi profeti venditori di menzogne, si sono messi con umiltà a scuola del Maestro, di Colui che: «*In principio era il Verbo, il Verbo era presso Dio e il Verbo era Dio. Egli era in principio presso Dio: tutto è stato fatto per mezzo di lui, e senza di lui niente è stato fatto di tutto ciò che esiste*» (*Gv* 1, 1-3).

I santi hanno vissuto con serietà e radicalità le parole del *Verbo di Dio*, percorrendo la Via da lui tracciata. Hanno visto così realizzarsi meraviglie, opere stupende, miracoli!

Hanno creduto nell'incredibile promessa di Gesù: «*In verità, in verità vi dico: anche chi crede in me, compirà le opere che io compio e ne farà di più grandi*» (*Gv* 14, 12).

È davvero incredibile questa promessa! Credi che un

uomo straordinario come Gesù (che per chi è cristiano è anche il Verbo di Dio) possa raccontarti le "favolette", ingannarti?

«Tutto è possibile per chi crede!» (Mc *9, 23)*

«Se avrete fede compirete opere più grandi di me!»

È una promessa davvero straordinaria! Se abbiamo fede possiamo realizzare grandi opere, vedere meraviglie nella nostra vita!

Se è vero allora che nel nostro spirito è racchiuso un potenziale così straordinario, se siamo chiamati a realizzare opere stupende, come mai continuiamo troppo spesso ad accontentarci di una vita mediocre, ci sentiamo insoddisfatti, soli, frustrati, non realizzati?

Che cosa impedisce che quella meraviglia stupenda, che l'Artista degli artisti ha impresso nell'anima di ciascuno di noi, possa risplendere in tutta la sua divina bellezza e possiamo anche noi realizzare opere straordinarie così come hanno fatto i santi?

Le pretese dell'ego

Il bambino crescendo inizia a perdere la sua spontaneità, purezza. L'ambizione si fa strada e le pretese dell'ego, le aspettative degli altri da non deludere diventano sempre più esigenti.

Per rispondere a queste pressioni spesso perdiamo di vista noi stessi, i nostri bisogni più veri, le nostre aspirazioni più profonde. Vogliamo riuscire a rispondere alle pretese del nostro ego, alle pressioni del contesto sociale in cui cresciamo... dobbiamo affermarci, diventare qualcuno e l'ego arriva a estromettere le esigenze dello spirito, i più alti ideali, le aspirazioni più nobili, per affermare se stesso: la realizzazione personale diventa l'imperativo categorico!

Ma ci realizziamo solo se viviamo la pienezza della vita dell'Amore per cui siamo stati creati, se riconosciamo quella scintilla divina che è in noi e realizziamo il grande sogno di Colui che ci ama immensamente e ci ha creato!

Ci sono due "leggi" che sono profondamente iscritte in noi e che si contrappongono a vicenda (cfr. *Gal* 5):

– *l'egoismo* che ci porta a mettere al centro noi stessi, ciò che noi vogliamo, ciò che ci piace, che ci va, che ci fa divertire, affermarci, prevalere sugli altri.

  L'egoismo però ci rende sempre più autocentrati, incapaci di vedere gli altri, i loro bisogni, ciò che li ferisce, ciò che desiderano. Tutto deve ruotare intorno a noi: tutto ci è dovuto, tutto subito! Se poi gli altri non rispondono alle nostre richieste e pretese vuole dire che non ci vogliono bene!

  Più nutriamo il nostro ego con le sue mille pretese sempre più pressanti, più rischiamo di restare accecati dall'orgoglio, dalla vanità, dall'ambizione, dal narcisismo. Poco alla volta si diventa incapaci di costruire relazioni vere, di profonda amicizia e ci si scopre sempre più soli e dipendenti. Il bisogno di piacere, di affermarsi, di avere, sono bisogni inizialmente sani ma quando diventano la principale motivazione di ciò che facciamo possono trasformarsi in pesanti catene. Più si ha e più si vuole avere. Più si cercano gli applausi, i riconoscimenti, i trofei, più si sente il bisogno di conquistarne di nuovi. Più si sceglie il piacere come motivazione di fondo in ciò che facciamo e decidiamo più si rischia di diventare persone dipendenti: dalle sostanze, dall'alcool, dallo "sballo", dal sesso, dai social, dai "like" elemosinati in internet, dalle sigarette, dal cibo assunto disordinatamente e compulsivamente, dalle PlayStation, dal gioco d'azzardo...

– *L'altra legge iscritta nella nostra anima è l'amore.* Tutti abbiamo un profondissimo bisogno di sentirci amati per ciò che siamo e non per ciò che dimostriamo. Desideriamo sentirci accolti con tutte le nostre fragilità, debolezze, povertà. E quando ci sentiamo davvero amati così in profondità e impariamo a donare amore gratuitamente, senza aspettarci niente in cambio, tutto ciò che facciamo acquista nuovo sapore, colore: la gioia sgorga piena dal nostro cuore! Diventiamo capaci di grandi atti, di generosità, solidarietà, eroismo. I nostri interessi passano in secondo piano perché diventa importante il bene degli altri, del contesto sociale a cui si appartiene. Ciò che più conta è donare un po' di sollievo, speranza, gioia, felicità... Non si pensa tanto a ricevere ma a dare e più si dona più si sperimenta una nuova pienezza.

Quanto spazio stai dando al tuo egoismo? Quali sono le principali pretese del tuo ego? Quanto sei ripiegato su te stesso, principalmente concentrato nel raggiungimento dei tuoi interessi, obiettivi e quanto ti dedichi nel donare amore? Quanto impegno e tempo riservi agli altri, ai tuoi familiari, agli amici, alle persone in situazioni difficili? Cosa cerchi di fare nella concretezza della tua vita quotidiana per renderli più felici?

Chi tiene le redini della tua vita, delle tue scelte, delle tue decisioni di ogni giorno... il tuo ego o il tuo spirito?

Quanto più saprai passare dall'egoismo all'amore, tanto più imparerai a camminare secondo lo spirito e a scoprire e mettere a frutto la bellezza e la grandezza del tuo potenziale spirituale.

L'io passionale

Fin da quando nasciamo molte delle nostre azioni sono condizionate dai nostri bisogni naturali. Il bisogno di cibo, di acqua, di piacere, di affetto, di attenzione...

Il nostro "*navigatore interiore*" tende a programmarsi in automatico sulla base di alcuni istinti primari: paura, piacere, istinto di conservazione, rabbia, evitare in ogni modo il dolore... La maggior parte dei nostri comportamenti tendono a essere istintivi, quasi degli automatismi, per cui a ogni impulso che riceviamo corrisponde una nostra reazione che più o meno tende a essere la stessa. Abbiamo fame? Vogliamo subito del cibo. Proviamo dolore? Piangiamo, cerchiamo la modalità più veloce per eliminarlo. Vediamo un giocattolo che attira la nostra attenzione? Pretendiamo che sia nostro. Non riusciamo a ottenere ciò che vogliamo? Ci arrabbiamo. Ce le inventiamo tutte pur di avere l'attenzione di chi ci ama.

Man mano che si cresce si diventa sempre più capaci di scegliere, di maturare decisioni consapevoli che non siano per lo più guidate dalla paura, dal dolore e dal piacere ma facciamo nostri valori, princìpi, obiettivi, ideali. Iniziamo a non essere in balìa di istinti, passioni, pulsioni, emozioni e impariamo a rinunciare a ciò che istintivamente vorremmo fare per scegliere invece qualcosa che riteniamo essere particolarmente significativo, per rendere felici le persone che amiamo, rispettarle. Quando maturiamo diventiamo capaci di auto-trascendenza, non siamo più sempre ripiegati sui nostri interessi immediati ma impariamo a scegliere di fare ciò che può rendere più felici le persone con cui ci relazioniamo, anche se questo può costarci piccole o grandi rinunce. Le nostre decisioni non sono più unicamente ego-centrate ma *impariamo poco alla volta a scegliere tra ciò che ci piace/ci va e ciò che è bene.*

Scopriamo che per imparare ad amare, per scegliere di camminare secondo lo spirito e non più *secondo l'egoismo* è necessario fortificare la volontà, riconoscere i propri vizi, crescere nella pratica delle virtù e del dominio di sé.

San Paolo riesce a esprimere molto bene questo conflitto, che caratterizza ogni persona umana, tra il nostro "*sé spirituale*", che desidera camminare secondo la legge dello spirito iscritta in noi (che altro non è che la voce della nostra coscienza) e il nostro "*io passionale*", mosso invece da quella che lui definisce *la legge della carne:*

«Io trovo dunque in me questa legge: quando voglio fare il bene, il male è accanto a me. Infatti acconsento nel mio intimo alla legge di Dio, ma nella mia carne vedo un'altra legge, che muove guerra alla legge della mia mente e mi rende schiavo della legge del peccato che è nelle mie membra» (Rm *7, 21-24).*

Camminare secondo lo spirito

«Vi dico dunque: camminate secondo lo Spirito e non sarete portati a soddisfare i desideri della carne; la carne infatti ha desideri contrari allo Spirito e lo Spirito ha desideri contrari alla carne; queste cose si oppongono a vicenda, sicché voi non fate quello che vorreste» (Gal *5, 16-17).*

Certamente gli istinti, le passioni, i nostri bisogni non sono negativi in sé, vanno riconosciuti, ascoltati, accolti, ma se la "programmazione del nostro navigatore interiore" la lasciamo completamente in balìa dell'*io passionale*, senza prendere in mano il timone della nostra vita e imparare a camminare secondo lo spirito, con tutta probabilità cadremo nelle dipendenze dei vizi, che come subdole catene imbrigliano la nostra anima e le grandi potenzialità presenti nel nostro spirito fino a farci perdere la nostra libertà di scegliere ciò che è bene per noi e per gli altri, che spesso è la scelta più faticosa e richiede più sacrificio.

Restare in balìa dell'*io passionale* è certamente più facile e comodo ma i vizi sono anch'essi delle trappole che tarpano le ali del nostro spirito e ci rendono incapaci di volare: ci tengono imprigionati nell'angusto carcere del nostro egoismo.

Sempre san Paolo continua con queste parole che per me sono state particolarmente illuminanti:

«Ma se vi lasciate guidare dallo Spirito, non siete più sotto la legge della carne. Del resto le opere della carne sono ben note: fornicazione, impurità, libertinaggio, idolatria, stregonerie, inimicizie, discordia, gelosia, dissensi, divisioni, fazioni, invidie, ubriachezze, orge e cose del genere; circa queste cose vi preavviso, come già ho detto, che chi le compie non erediterà il regno di Dio. Il frutto dello Spirito invece è amore, gioia, pace, pazienza, benevolenza, bontà, fedeltà, mitezza, dominio di sé» (Gal *5, 18-22).*

È bello sapere che più ci liberiamo dal nostro egoismo e impariamo ad amare, più il nostro cuore è ricolmo di quei frutti straordinari che tutti cercano ma che solo in pochi hanno: l'amore, la gioia, la pace, il dominio di sé,

Dobbiamo allora imparare a camminare secondo lo spirito, restando in ascolto della nostra coscienza, vigilando ogni giorno su quelli che sono i frutti presenti nella nostra vita. Se ci rendiamo conto, ad esempio, che la nostra vita è per lo più caratterizzata da inimicizie, divisioni, gelosie, invidie, impurità... certamente stiamo camminando secondo la carne: è il nostro *io passionale* che tiene in mano il timone e sta programmando il nostro navigatore interiore.

Se invece sperimentiamo una profonda pace, gioia, sentiamo che il nostro cuore è ricolmo di amore, è segno che stiamo camminando secondo lo spirito, ci stiamo lasciando guidare dalla nostra coscienza, stiamo imparando ad amare. È una verifica che va fatta quotidianamente perché l'io passionale continuerà a volere restare al comando e si ostinerà e fare la sua battaglia contro *il sé spirituale.*

I sette vizi capitali

Un passaggio fondamentale diventa allora riuscire a individuare, alla luce dei sette vizi capitali – superbia, avarizia, pigrizia, lussuria, invidia, gola, ira – *la radice di peccato che più ci caratterizza.*

È altrettanto necessario poi *impegnarsi* con grande tenacia e perseveranza *per riuscire a liberarsene.* Spesso restiamo imprigionati nei nostri vizi senza neanche acquisire un minimo di consapevolezza di quanto siano proprio questi una delle principali cause di malessere che sempre ci accompagna.

Se vogliamo liberarci dalla tirannia dei vizi può essere di grande utilità impegnarsi ad acquisire le virtù corrispondenti. Liberarci dal vizio non tanto combattendolo frontalmente: «Non devo essere più superbo, non devo essere più goloso!». Se sei goloso e pensi ad esempio che non devi più mangiare i gelati subito aumenta il desiderio di gelato. Fai una prova pensa intensamente: «Non devo più mangiare quel meraviglioso gelato panna e cioccolato che mi piace così tanto!».

Anche se non sei goloso concentrandoti su questo tipo di pensiero con tutta probabilità ti sarà venuto il desiderio di mangiare un bel gelato!

Oppure se sei superbo prova a pensare intensamente a qualcuno che ti ha ferito e che non vuoi più avercela con lui. Con tutta probabilità risentirai il dolore per le ferite che ti ha causato e di conseguenza aumenterà in te la voglia di fargliela pagare, di dimostrare a lui e a tutti il tuo valore.

La forza della spiritherapy sta nel crescere nella consapevolezza dei nostri vizi, ferite condizionanti, comportamenti, abitudini, modelli di pensiero, di reazione, di comportamento, atteggiamenti non sani per liberarcene poco alla volta scommettendo però sulla parte sana, meravigliosamente divina presente in ciascuno di noi: lo spirito!

Più ci impegneremo nello sviluppare le nostre potenzialità spirituali, camminando secondo lo spirito, più naturalmente ci libereremo delle nostre abitudini limitanti, radici di peccato, trappole che ci impediscono di vivere ogni attimo in pienezza.

Tornando ai vizi, se ad esempio siamo persone orgogliose, superbe, suscettibili, metteremo tutto il nostro impegno nell'acquisire la virtù dell'umiltà, nello sperimentare la profonda serenità e libertà interiore che ne derivano. Più ci eserciteremo e cresceremo ogni giorno nella virtù dell'*umiltà* più ci libereremo di tutte le conseguenze negative e del malessere che derivano dalla nostra *superbia*.

Se tendi a essere pigro dovresti allora impegnarti nella *virtù della laboriosità*. Scoprire la dolce ebrezza del fare ogni cosa con amore e passione, la bellezza di potere imparare sempre qualcosa di nuovo. Sperimentare il senso di soddisfazione che scaturisce dal realizzare cose nuove, dal mettere a frutto i tuoi tanti talenti, dal raggiungere nuovi obiettivi superando i tuoi limiti, dal dedicarti agli altri. Più inizierai a impegnarti nel vivere ogni istante in pienezza, evitando di gettare via tempo prezioso restando passivo per ore davanti alla tv o in balìa dei social, del gossip etc., più *ti libererai dalla pigrizia* che inconsapevolmente ti ha portato a perder tante meravigliose occasioni, che la vita sempre ci regala, a buttare via senza neanche accorgertene tanto tempo prezioso. Inizierai finalmente a raggiungere tanti obiettivi, realizzare tante cose belle che hai sempre desiderato ma hai continuato a procrastinare.

Se invece sei invidioso sarà molto utile impegnarti a gioire dei talenti degli altri, delle cose belle che vivono, iniziare a esprimere la tua stima di vero cuore a tutte le persone che conosci: in tutti c'è qualcosa di positivo da scoprire e da apprezzare! Scoprirai molto presto quanto sia decisamente più bello e gratificante valorizzare gli altri e realizzare qualcosa di bello insieme a loro piuttosto che continuare ad avvelenarti il fegato per ciò che loro hanno e tu no, e perdere tempo nel cercare di criticarli per non sentirti inferiore quando di fatto non c'è niente di più svilente che parlare male degli altri alle loro spalle. *Più crescerai nella virtù della benevolenza più potrai liberarti dell'invidia.*

Se hai il vizio della *lussuria* piuttosto che concentrarti nel non guardare certi siti e non fare sesso "usa e getta" a ogni occasione, sarà meglio esercitarsi nello scoprire la bellezza della *purezza* del cuore che ti consente di costruire rapporti di profonda amicizia e comunione con tanti, di donare amore senza un tuo tornaconto personale per sentire poi il cuore traboccante di gioia.

Se invece sei una persona *irascibile* dovrai rafforzare con molti esercizi la tua *pazienza* per crescere nella libertà meravigliosa che scaturisce nell'acquisire il dominio di sé.

Se sei *avaro* sarà bene concentrarti nel donare gratuitamente con sempre maggiore *generosità*.

Se il tuo vizio principale è la *gola*, e più in generale la ricerca del piacere, dovrai crescere nella virtù della *mortificazione*. Sperimenterai con grande stupore che davvero c'è più gioia nel dare che nel ricevere.

Un esercizio che certamente è molto concreto per liberarsi dall'io passionale e scoprire la profonda pace che scaturisce dal camminare secondo lo spirito è vigilare continuamente per *orientare la nostra bussola interiore sul ciò che è bene invece che sul ciò che mi piace e mi va.*

Il tuo "navigatore interiore" tende ad autoprogrammarsi per lo più in base alla paura e al piacere immediato, oppure è il sé spirituale che programma le tue decisioni, i tuoi comportamenti, il tuo itinerario e tiene saldamente il controllo del timone della tua vita?

Qual è la tua abitudine principale: camminare guidato dall'*io passionale* o camminare *secondo lo spirito*?

Quali sono i frutti che sperimenti nella tua vita? Quelli che derivano dal camminare dallo spirito: *pace, gioia, amore, bontà, fedeltà, pazienza, benevolenza, mitezza, dominio di sé*? (cfr. *Gal* 5).

Oppure i frutti del "camminare secondo la carne": «*Divisioni, fazioni, invidie, gelosie, fornicazioni, impurità libertinaggio, idolatrie, ubriachezze, orge e cose del genere*?» (*Gal* 5).

Quali sono i vizi che più ti caratterizzano? Qual è la tua principale radice di peccato? Cosa puoi fare per sradicarla perché non continui a essere causa di malessere nella tua vita e un impedimento importante nel vivere quella pienezza di amore a cui il tuo cuore aspira?

Alcune trappole

Sono tante le trappole che ci sono di impedimento nel riconoscere e sviluppare il nostro potenziale spirituale.

Il bambino quando nasce ha una sua bellezza, il suo sguardo è limpido, meraviglioso, puro. È spontaneo, trasparente, immediato. Il bambino è sempre se stesso, senza nessun tipo di freno inibitore. Esprime come può esattamente ciò che sente, prova, pensa, vuole. Non sa indossare maschere pur di sentirsi accettato, anche se molto presto mette in atto le sue strategie per ottenere ciò che vuole.

Poco alla volta poi inizia a sentire la pressione delle aspettative dei genitori, delle persone a cui vuole bene e impara a fare del suo meglio per non deluderle. Questo è positivo in sé, perché lo aiuta a imparare a relazionarsi agli altri, a riconoscere e rispettare i loro bisogni, a non essere ego-centrato, a individuare dei sani limiti rispetto alle pretese continue del proprio ego, per imparare che la propria libertà finisce dove inizia il rispetto dei diritti e della libertà degli altri. Spesso però il bisogno di sentirsi accettati inizia a privare il bambino della sua spontaneità, semplicità, l'ego con le sue pretese, le sue ambizioni inizia a farsi strada e poco alla volta si rischia di cadere in alcune trappole:

1. *identificarsi con ciò che si fa:*

   «Devo affermarmi, devo dimostrare che sono il più bravo, il migliore, devo fare del mio meglio per dimostrare il mio valore. Devo sempre fare bella figura... così mi vorranno più bene!».

2. *Identificarsi in ciò che gli altri pensano di noi:* ci si lascia condizionare troppo dalla paura dei giudizi, dal timore di deludere le aspettative:

   «Se faccio così cosa penseranno, cosa diranno di me?»; «Come devo comportarmi perché tutti possano pensare che sono in gamba, bello, bravo, buono, simpatico, forte, intelligente?»; «Cosa devo fare, dimostrare, essere, per non deludere ciò che gli altri si aspettano da me? Per essere accettato, stimato?».

3. *Identificarsi con ciò che si ha:*

«Se vesto tutto firmato gli altri mi rispetteranno!»; «Devo avere l'ultimo modello di cellulare per dimostrare che sono il più "fico"!»; «Devo fare soldi per essere considerato, invidiato dagli altri!».

4. *Identificarsi con il potere. Si cerca di dimostrare la propria superiorità sugli altri:*

«Se dimostro che sono il più forte gli altri mi temeranno e mi rispetteranno!».

Si usa il potere della seduzione, della manipolazione, dei ricatti affettivi per sottomettere gli altri e fare in modo che rispondano alle proprie pretese. Si cerca in ogni modo di raggiungere riconoscimenti, "medagliette", "trofei", ruoli che diano l'illusione di essere importanti e stimabili.

Sono alcune grandi trappole della nostra *società dell'apparire.*

Quello che gli altri pensano di me diventa importante, più importante di chi io sono realmente e di ciò che desidero essere. «Non devo deludere le aspettative che gli altri hanno su di me. Devo dimostrare, essere vincente, imparare a indossare con grande abilità le maschere richieste nella "fiction della mia vita". Solo così otterrò la stima, mi sentirò accettato dagli altri.»

Ciò che conta è il successo, l'apparire, i soldi, il potere!

Quante volte senti il bisogno di dimostrare il tuo valore con ciò che fai?

Quanto ti senti condizionato nelle tue scelte, decisioni, comportamenti, da ciò che gli altri potranno pensare di te, dal bisogno di sentirti accettato?

Quanto curi la tua immagine? Quanto importanti sono per te i soldi? Perché?

In che contesti senti il bisogno di dimostrare la tua superiorità rispetto agli altri. Quali sono le situazioni in cui tendi a entrare in competizione, in sfida? Quanto senti il bisogno di fare sempre nuove conquiste, raggiungere nuovi trofei, ruoli di prestigio, fare carriera, avere successo?

Sono davvero tante *le trappole in cui continuamente cadiamo e che ci sono di impedimento nel riscoprire la grandezza del nostro grande potenziale spirituale.*

Cerchiamo di evidenziarne qualcun'altra.

La paura di deludere le aspettative

Un'altra trappola tipica, che troppo spesso ci impedisce di essere noi stessi, mettere a frutto il nostro potenziale spirituale per poter vivere una vita piena e appagante è la paura di deludere le aspettative degli altri. Spesso è più il tempo, l'energia, l'impegno che dedichiamo nel rispondere a ciò che gli altri pretendono da noi, che quello che impieghiamo nel metterci in ascolto delle nostre aspirazioni più profonde, dei nostri ideali, valori, bisogni dello spirito. Siamo così impegnati a non deludere ciò che gli altri si aspettano da noi che troppo spesso rischiamo di perdere di vista noi stessi. Impariamo a recitare, identificarci in diversi ruoli a seconda di ciò che capiamo essere richiesto dal contesto in cui ci troviamo. Si passa con una certa facilità e inconsapevolezza, dal recitare la parte del bravo figlio coscienzioso, rispettoso delle regole, a diventare il ragazzo trasgressivo e ribelle quando si esce con gli amici. La persona brillante e preparata all'università o nell'ambiente di lavoro. Il giovane boss, forte e ignorante nella comitiva di spavaldi. Il playboy quando bisogna fare colpo su qualche ragazza e fare bella figura nelle uscite con gli "amici" del sabato sera, il campione nel gruppo sportivo.

Il ragazzo super-social in internet con centinaia di selfie ritoccati nella speranza di ottenere tanti "like" e "amici" virtuali.

Il bisogno di appartenenza, di sentirsi accettati nel proprio contesto sociale, è un bisogno che naturalmente caratterizza ogni persona e ci è di aiuto nel costruire la nostra identità sociale. Quando però ci lasciamo condizionare dalla paura di ciò che gli altri possono pensare di noi fino al punto di tradire ciò in cui crediamo, i nostri valori, ideali, la nostra coscienza, pur di non sentirci giudicati dagli altri, diventiamo incoerenti e rischiamo di non sapere più chi siamo e chi desideriamo essere davvero. Rischiamo di restare imbrigliati in una pericolosa scissione interiore che può diventare una continua causa di malessere

Spesso viviamo questo tipo di pressione e condizionamento inconsapevolmente e non ci rendiamo neanche conto di quanto possa diventare "normale" assumere sempre nuove maschere. Ma così si diventa inconsapevolmente «*uno, nessuno, centomila*».

Quanto sei condizionato dal timore di deludere le aspettative delle persone a cui tieni?

Scegli di non deluderle per amore o per timore di sentirti giudicato, rifiutato da loro?

Quali sono le principali aspettative che ti condizionano e ti inducono a indossare maschere impedendoti di essere pienamente te stesso?

Identità "liquide"

Se fino a pochi anni fa l'identità era una costruzione certa, dove continuità e coerenza non venivano sempre messe in discussione, oggi tutti, i ragazzi in particolare, sono come non mai al centro di processi di negoziazione e rinegoziazione all'interno dei quali ci si trova spesso a scegliere da soli. Tale incertezza deriva da condizioni strutturali e globali ma si manifesta nelle relazioni umane e sociali, traducendosi in identità frammentate, narcisiste e/o precarie. Identità costituite da immagini e discorsi sociali fluttuanti che ogni individuo deve afferrare al volo utilizzando strumenti e capacità proprie. Quanto più la società si globalizza e si decontestualizza, impedendo al soggetto di possedere dei punti di riferimento solidi e certi, tanto più il concetto di identità diventa indistinto e complesso. Le due facce dell'identità del soggetto (personale e sociale) trovano pertanto con difficoltà orientamento e direzione.

In una società dove si trascorre sempre più tempo davanti alla tv, "assorbiti" da internet, in balìa dei social e delle relazioni virtuali, le figure tradizionali di riferimento, genitori, insegnanti, educatori, perdono sempre di più la loro capacità di avere un ruolo centrale nella formazione dell'identità e nella possibilità di trasmettere valori, ideali, regole sane e ben definite.

In questa *società liquida*, dove si è tutti costantemente sovraesposti al condizionamento da parte dei media e dei new-media, troppo spesso ci si nutre di veleni, disvalori, falsi miti. Alle regole si contrappone il fascino della trasgressione, alle relazioni vere di amicizia basate sul rispetto, il fascino della fiction e delle mille relazioni virtuali, della seduzione del piacere, del denaro, del potere, del successo a tutti i costi.

Secondo i dati riportati dal report *Digital, Social & Mobile 2018* – di *We Are Social* – che approfondisce lo scenario digitale relativo a più di duecentoquaranta Paesi, risulta che *trascorriamo mediamente sei ore on line, di queste più di due sono passate utilizzando una piattaforma socialmedia*. Il tempo dedicato alla fruizione televisiva viene stimato a due ore e trentanove minuti al giorno, dato che per i ragazzi però è in diminuzione, perché sembrano sempre più preferire “viaggiare” in internet.

L’utilizzo dello *smartphone* e dei social per comunicare con gli “amici” e con il mondo, continua a crescere. Questo dato fa sì che la percezione da parte di molti, e in particolare delle nuove generazioni, della linea di confine tra mondo reale e mondo virtuale diventi sempre più labile, con conseguenti gravi problemi psicologici e sociali. Si pensi solo al tempo trascorso da molti, completamente presi da videogiochi violenti.

È ormai noto che il nostro cervello tende a registrare un’esperienza vividamente immaginata come realmente vissuta. Gli input che si ricevono dalla rete e dai media in generale sono spesso negativi, violenti e contradditori e questo certamente condiziona l’aumento della violenza e di problematiche relazionali.

Tutto sembra andare nella direzione di una società liquida che plasma identità sempre più “liquide”. Questo nuovo modus vivendi accelera certamente atteggiamenti e modi di pensare che accrescono il bisogno di indossare nuove maschere, di identificarsi in diversi personaggi a seconda delle aspettative e delle pressioni ricevute ma in questo modo molti tendono a perdere la propria identità, non sanno più chi sono realmente e quali sono i bisogni più veri e profondi del loro cuore. Si fa di tutto pur di sentirsi accettati ma di fatto ci si sente sempre più soli.

Quante ore trascorri on line? Davanti alla tv? Quanti amici hai nei social? Quanti di questi consideri amici veri? Quali sono i tuoi miti e modelli di riferimento? Perché? Che cosa desideri raggiungere che loro hanno e che pensi potrebbe renderti felice? Quali sono le persone con cui tendi a identificarti? Quali le principali maschere che tendi a indossare per sentirti accettato?

Quali sono le tue principali caratteristiche? Prova a descrivere la tua identità più vera?

Le dipendenze

Questa crisi d'identità si traduce spesso nella formazione di personalità che sono più esposte e vulnerabili rispetto alle tante possibili dipendenze che caratterizzano sempre più invasivamente i nostri stili di vita. L'investire più sull'apparire che sull'essere non porta solo a diventare sempre più dipendenti e condizionati dal bisogno di accettazione e dal timore di sentirsi giudicati, non accettati, esclusi ma si cade con estrema facilità, il più delle volte inconsapevolmente, nella trappola delle dipendenze. Si tratta di una trappola subdola, invisibile che troppo spesso si nutre delle nostre migliori energie e ci ruba tempo prezioso che avremmo potuto investire nello sviluppo dei nostri talenti delle nostre potenzialità, nella realizzazione di obiettivi per noi profondamente significativi.

Di fatto ci troviamo a trascorrere moltissimo tempo "telecomandati" dalle varie dipendenze di turno, che troppo spesso si impadroniscono del nostro tempo prezioso e della nostra vita con tentacoli invisibili che poco alla volta diventano sempre più forti, capaci di ferire a morte la nostra anima e di imprigionare il nostro spirito.

Nella società del piacere, dello "sballo", del divertimento a tutti i costi, si inizia a scegliere di fare questa o quella cosa perché in un primo momento ci pare piacevole ma spesso poi si instaura un tipo di bisogno sempre più compulsivo e il più delle volte ci accorgiamo di essere diventati più o meno dipendenti senza neanche essercene resi conto. Sono tante le dipendenze che subdolamente si insinuano nella nostra vita fino a privarci di tempo, energie, della nostra libertà di decidere ciò che è meglio per noi e per gli altri, talvolta ci portano anche a sperperare considerevoli risorse economiche importanti (vedi droghe, ludopatia, sesso usa e getta, alcool, sigarette...).

Si inizia ad esempio a bere e fumare per sentirsi parte del gruppo ma poi, poco alla volta, ci si ubriaca ogni volta che si fa festa con gli amici, non si riesce più a smettere di fumare.

Si iniziano a guardare su internet immagini pornografiche, magari per curiosità, e si diventa presto dipendenti dalla pornografia, dal sesso usa e getta fino a ferire e ricevere ferite mortali nel cuore. Si inizia a trascorrere sempre più tempo sui social, fino a scoprire di dover guardare il proprio cellulare compulsivamente in qualunque momento della giornata e se poi si fa il conto del tempo trascorso in internet si scopre appunto di avere trascorso in una sola giornata sei ore on line e di avere magari dedicato solo mezz'ora alle persone a noi vicine che ci amano e hanno bisogno di sentire il nostro amore, la nostra attenzione, il nostro ascolto o a qualcos'altro davvero importante e particolarmente significativo. Per non parlare poi della dipendenza dai diversi tipi di sostanze stupefacenti e di pasticche, sempre pronte a rispondere al nostro bisogno di "sballo", di piacere, di energia, di sentirci forti, disinibiti, storditi, rilassati, potenziati.

È difficile riconoscere quante dipendenze si insinuano subdolamente nella nostra vita rubandoci tempo e impedendoci di mettere a frutto le nostre mille potenzialità perché quasi sempre preferiamo raccontarci che stiamo scegliendo noi un determinato comportamento piuttosto che riconoscere che siamo diventati dipendenti.

La controprova sta nel vedere se davvero siamo liberi di dire di no, quando e per quanto tempo decidiamo, a ciò di cui potremmo essere diventati dipendenti.

Sei capace di decidere, per un buon periodo di tempo, di: non fumare, non bere alcolici, non guardare i social, non andare su certi siti, non "cadere" nel sesso "usa e getta", non mangiare più certi cibi perché hai deciso di dimagrire un po', non fare alcune cose solo perché condizionato da ciò che gli altri pensano di te, dedicare ai tuoi cari o a qualcosa di davvero significativo e importante il tempo che passi in internet o davanti alla tv?

Per quanto tempo riesci a scegliere di dire di no a una di queste cose o a qualcun'altra di cui potresti correre il rischio di diventare dipendente o di esserlo già?

Fai una prova concreta. Riesci a decidere di tagliare completamente con una di queste cose per una settimana? Per un mese? Riesci a decidere di utilizzare il tempo, le energie, i soldi, l'attenzione che prima dedicavi a questi "passatempi" o sfizi piacevoli, dedicandolo piuttosto alle persone che ami, a migliorarti, a sviluppare le tue potenzialità, a mettere a frutto i tuoi talenti, a realizzare qualcosa che è per te davvero significativo? Se ci riesci sei davvero una persona libera che sta imparando l'arte di amare, che cammina secondo lo spirito e ha maturato un buon dominio di sé!

Altrimenti attenzione! Se non ci riesci è un importante campanello d'allarme da non sottovalutare! Probabilmente sei già "imprigionato" nella piovra di qualche dipendenza.

Non raccontarti che stai tre ore al giorno su internet perché hai deciso così... se non sei capace di decidere di fare un uso diverso di quel tempo probabilmente ne stai diventando dipendente.

«Smetto di fumare quando voglio... ma non mi va!» Se non riesci a stare un mese senza fumare da oggi, non è vero che non smetti perché «non ti va di smettere». Sei di fatto dipendente dalla nicotina e non lo vuoi ammettere. Tra l'altro sarebbe del tutto irrazionale e decisamente illogico che tu voglia davvero liberamente decidere di continuare a buttare via soldi per un qualcosa che ti avvelena lentamente e ha portato tanti alla morte. Non dirti: «non dimagrisco perché non mi va!». È molto più probabile che semplicemente, senza rendertene conto sei diventato dipendente da certi alimenti e, anche se sai che non ti permettono di sentirti più a tuo agio con te stesso tornando a essere in forma, non sei più capace di rinunciarci forse anche perché lì per lì ti danno la sensazione di placare la tua ansia.

Se vuoi scoprire in tutta verità se sei o meno dipendente da qualcosa prova a privartene volontariamente per almeno tre settimane: potrai avere molte sorprese! Riconoscere e spezzare le catene visibili e invisibili di dipendenze di ogni tipo è un passo assolutamente fondamentale per potere vivere in pienezza la vita e sviluppare al meglio le tue potenzialità.

Le etichette trappola. Giudizi e pregiudizi

Un'altra trappola che ci impedisce di scoprire e mettere a frutto il nostro grande potenziale spirituale, sono i tantissimi giudizi che continuamente si subiscono. Viviamo in una società di "tuttologi" dove troppi preferiscono farsi grandi esprimendo i loro giudizi su ciò che gli altri dovrebbero fare, piuttosto che mettersi in gioco per realizzare qualcosa di davvero significativo. Si preferisce restare in panchina a esprimere critiche piuttosto che giocare con tutte le proprie possibilità la partita della vita. Viviamo nella società del gossip, dei talk televisivi in cui ciò che conta non è dialogare esprimendo punti di vista diversi per cercare onestamente la verità. Ciò che conta è alzare la voce, attaccare l'altro, dimostrare a tutti i costi di avere ragione, spesso mancando di rispetto. Non si vede colui che la pensa diversamente da noi come un'opportunità di dialogo per ampliare le proprie vedute, bisogna "salire sul ring", attaccare, colpire, giudicare e... vincere!

Sono tantissimi i giudizi che troppi si sentono in diritto di "sparare" gratuitamente sugli altri, in un'assurda pretesa di dimostrare la propria superiorità. Difficilmente si ha consapevolezza di quanto sia importante imparare a esprimere la propria stima e apprezzamento verso le caratteristiche positive degli altri.

Questo continuare a nutrirsi di giudizi e di pregiudizi è un atteggiamento sempre più diffuso ma molto pericoloso. I giudizi colpiscono in profondità, tanto più quando espressi vigliaccamente alle spalle. Generano insicurezza e una bassa autostima in tutti coloro che ne sono vittima. Talvolta si è talmente condizionati dai tanti giudizi subiti e ascoltati che si diventa incapaci di vedere se stessi e gli altri con obiettività.

I giudizi frequenti danno potere ai pregiudizi e, anche in questo caso inconsapevolmente, si tende a filtrare, falsare completamente, attraverso gli "occhiali neri del pregiudizio", la percezione di ciò che gli altri o noi stessi facciamo, siamo.

Si arriva così non solo a identificarsi nei ruoli o personaggi che ci viene richiesto di interpretare a seconda delle differenti situazioni, ma si resta facilmente imprigionati anche nei vari giudizi, pregiudizi che abbiamo interiorizzato.

Molti diventano vittime di diverse *etichette trappola*: «sono un fallito», «non sono sufficientemente brillante»; «sono un tossico», «sono handicappato», «sono brutto e nessuno potrà mai amarmi», «non sono all'altezza delle situazioni»; «sono dannatamente impacciato e timido»; «non sono abbastanza intelligente quindi non riuscirò negli studi e nel lavoro»; «sono antipatico e gli altri non vogliono avere a che fare con me», «sono pigro», «sono irascibile...».

Ogni etichetta in cui tendiamo a identificarci può diventare una trappola mortale in cui restare imprigionati tutta una vita. L'etichetta infatti molto spesso ci porta a restare incastrati nella trappola del «sono fatto così, che ci posso fare?».

Questo tipo di affermazione/convinzione che si insinua poco alla volta in noi da una parte può diventare comoda perché ci esonera dalla fatica di mettere tutto il nostro impegno per migliorarci e tirare fuori il meglio di noi. Dall'altra ci tarpa le ali privandoci di tante meravigliose opportunità che la vita ogni giorno ci regala.

Si resta incastrati nel «*che ci posso fare se sono fatto così?*» e ci si accontenta di una vita mediocre dimenticando che ciò che realmente ci definisce non sono i giudizi, le etichette, i nostri difetti o errori del passato, ma chi decidiamo di essere oggi e quanta fatica e impegno decidiamo di mettere nel migliorarci ogni giorno un po'.

Quali sono i giudizi che ti hanno ferito più profondamente?

Quali sono le tue etichette trappola?

Quali sono le tue caratteristiche che vorresti cambiare?

Stai facendo qualcosa di concreto per migliorarti o tendi ad "accomodarti" nella trappola del «sono fatto così che ci posso fare»?

SCHEDA ESERCIZI

Domande di approfondimento (rispondi per iscritto)

• Ho consapevolezza delle potenzialità presenti nel mio spirito?

• Cosa faccio per esprimerle al meglio? Quali sono i bisogni del mio spirito? Quali le risposte che cerco di dare? Mi sto accontentando di una vita mediocre?

• Mi sento insoddisfatto, frustrato, non realizzato o sto mettendo tutto il mio impegno e credo di potere realizzare qualcosa di veramente significativo?

• Quali sono le principali pretese del mio ego?

• Quanto tempo della mia giornata trascorro ripiegato su me stesso, e quanto tempo ed energie dedico nel donare amore agli altri?

• Cosa faccio di concreto per rendere più felici le persone con cui mi relaziono?

• Chi tiene le redini della mia vita, chi imposta il mio navigatore interiore? Il mio ego o il mio spirito?

• Normalmente scelgo ciò che più mi piace e mi va o ciò che è bene e giusto?

• Quali sono i frutti principali che sperimento nella mia vita?

• Quelli che derivano dal camminare nello spirito: pace, gioia, amore, bontà, fedeltà, pazienza, benevolenza, mitezza, dominio di sé? (cfr. *Gal* 5)

• Oppure i frutti del "camminare secondo la carne": «divisioni, fazioni, invidie, gelosie, fornicazioni, impurità, libertinaggio, idolatrie, ubriachezze, orge e cose del genere?» (*Gal* 5)

• Quali sono i miei vizi principali?

• Come posso impegnarmi maggiormente a crescere nelle virtù per liberarmi dalle catene dei vizi?

• Qual è la mia principale radice di peccato?

• Quali sono gli impegni che posso prendere per sradicarla perché non continui a generare malessere nella mia vita e a costituire un impedimento importante nel vivere quella pienezza di amore a cui il mio cuore aspira?

Trappole

Tendo a giudicare il mio valore:

• Con ciò che faccio?

• Con ciò che gli altri pensano di me?

• Con ciò che possiedo?

• Con i ruoli e il "potere" che riesco ad esercitare sugli altri?

• Nelle mie scelte punto all'essere o all'apparire?

• Quanto mi lascio condizionare in ciò che faccio ogni giorno dal bisogno di sentirmi accettato?

• Sento il bisogno di dimostrare la mia superiorità rispetto agli altri, di fare sempre nuove conquiste, raggiungere nuovi trofei, ruoli di prestigio, fare carriera, avere successo?

• Nelle decisioni quotidiane quanto mi sento condizionato dalle aspettative degli altri?

• Scelgo di non deluderle per amore o per timore di essere giudicato, rifiutato, non accettato?

• Quali sono le principali aspettative che mi condizionano e mi inducono a indossare maschere impedendomi di essere pienamente me stesso?

• Quali sono le principali maschere che indosso per sentirmi accettato?

• Che impegni posso prendere per non lasciarmi condizionare più dalle aspettative degli altri?

• Quali sono i miei modelli di riferimento? I miei miti? le persone con cui tendo a identificarmi?

• Quali sono le mie caratteristiche principali?

• Quale è la mia identità più vera?

• Riesco a essere me stesso/a?

• Ho relazioni di amicizia significative o mi sento per lo più solo/a?

• Quanti amici ho nei social? Quanti di questi considero amici veri?

• Quali sono le mie principali dipendenze?

• Quanto tempo della mia giornata trascorro su internet? Quanto con videogiochi? Quanti davanti alla tv?

• Che rapporto ho con il cibo? Come vivo la mia sessualità? Faccio uso disordinato di alcool, pasticche, sostanze stupefacenti...?

• Quali sono le caratteristiche di me che vorrei cambiare?

• Sto facendo qualcosa di concreto per migliorarmi o tendo ad "accomodarmi" nella trappola del «sono fatto così che ci posso fare»?

• Quali sono le etichette in cui più o meno consapevolmente tendo a identificarmi ma che diventano delle trappole per non impegnarmi nello sviluppare al massimo il mio potenziale spirituale?

• Quali sono i giudizi che mi hanno ferito più profondamente?

• Quali sono i miei auto-giudizi che mi portano a nascondermi dietro un superficiale: «che ci posso fare sono fatto così», per non mettermi in gioco e fare la fatica che mi richiede il cambiamento?

• Cosa faccio di concreto per migliorare ogni giorno?

• Quali sono le mie abitudini i miei comportamenti che mi sono di impedimento nel vivere una vita felice, appagante?

• Che cosa è l'amore per me, cosa significa per me amare?

• Quanto tempo passo ripiegato su me stesso e quanto tempo ed energie impiego nell'amare, nell'occuparmi, cercare il bene degli altri?

• Quali penso siano i miei principali difetti e cosa posso fare di concreto per eliminarli?

In un foglio a parte stila un elenco dei difetti, etichette-trappola principali che ti riconosci. Continua a integrarla durante la settimana.

Chiedi poi a tre persone che ti conoscono più in profondità e che ti vogliono bene di mettere un sì o un no accanto alle tue risposte, precisando se confermano o meno quella che è la tua percezione dei tuoi dei difetti, etichette-trappola principali e aggiungendo quelli che loro vedono e che tu magari non hai scritto.

Parola di luce. Esperienza risanatrice

«In principio era il Verbo, il Verbo era presso Dio e il Verbo era Dio. Egli era in principio presso Dio: tutto è stato fatto per mezzo di lui, e senza di lui niente è stato fatto di tutto ciò che esiste (Gv *1, 1-3).*

«In verità, in verità vi dico: anche chi crede in me, compirà le opere che io compio e ne farà di più grandi» (Gv *14, 12).*

«Tutto è possibile per chi crede!» (Mc *9, 23).*

«Io trovo dunque in me questa legge: quando voglio fare il bene, il male è accanto a me. Infatti acconsento nel mio intimo alla legge di Dio, ma nella mia carne vedo un'altra legge, che muove guerra alla legge della mia mente e mi rende schiavo della legge del peccato che è nelle mie membra» (Rm *7, 21-24).*

«Vi dico dunque: camminate secondo lo Spirito e non sarete portati a soddisfare i desideri della carne; la carne infatti ha desideri contrari allo Spirito e lo Spirito ha desideri contrari

alla carne; queste cose si oppongono a vicenda, sicché voi non fate quello che vorreste» (Gal *5, 16-17).*

«Ma se vi lasciate guidare dallo Spirito, non siete più sotto la legge della carne. Del resto le opere della carne sono ben note: fornicazione, impurità, libertinaggio, idolatria, stregonerie, inimicizie, discordia, gelosia, dissensi, divisioni, fazioni, invidie, ubriachezze, orge e cose del genere; circa queste cose vi preavviso, come già ho detto, che chi le compie non erediterà il regno di Dio. Il frutto dello Spirito invece è amore, gioia, pace, pazienza, benevolenza, bontà, fedeltà, mitezza, dominio di sé» *(*Gal *5, 18-22).*

Passaggi fondamentali

- Acquisire consapevolezza delle proprie potenzialità.
- Dall'apparire all'essere se stessi.
- Liberarsi dalle pretese dell'Ego.
- Passare dal ciò che mi piace e mi va al ciò che è bene e giusto.
- Dall'essere ego-centrati all'attenzione agli altri. Rimanere nell'amore.
- Liberarsi dalle dipendenze.
- Liberarsi dalle etichette trappole, dai giudizi e pre-giudizi.

3

SCOPRI IL MEGLIO DI TE

Esprimi le tue potenzialità

Trasformare i punti di fragilità in punti di forza

Nel capitolo precedente abbiamo iniziato a individuare solo alcune delle trappole che troppo spesso ci sono di impedimento nell'esprimere al meglio le nostre potenzialità e nel vivere ogni attimo in pienezza. Essere consapevoli di ciò che ci ostacola è di fatto il modo migliore per non restare intrappolati in automatismi che ci condizionano senza che neanche ce ne accorgiamo.

È importante riconoscere le trappole, i propri difetti, le debolezze, per poter prendere di mira i nostri limiti, le nostre "catene" e impegnarci nel trasformare ogni nostro punto di fragilità in punto di forza.

Possiamo sempre migliorare, eliminare il più possibile i nostri difetti e aumentare i nostri pregi, mettere a frutto i nostri talenti, dare il meglio di noi. Il cammino che ci rende possibile sostituire ai vizi che imprigionano il nostro spirito, le virtù che ci danno meravigliose "ali per volare", è impegnativo ma ci permette di contemplare quegli orizzonti sempre nuovi di luce, pace di verità, libertà, pienezza che la vita quando è vissuta nell'amore sempre ci dischiude.

*«La Verità ci rende liberi» (*Gv *8, 32).*

Più sapremo guardare in verità tutti i nostri difetti e fragilità meno questi potranno continuare a condizionare in negativo la nostra vita e le nostre relazioni. *Quante volte si tende infatti a trovare tanti diversi capri espiatori a cui dare la responsabilità del nostro malessere! Di fatto però la nostra felicità non dipende mai dagli altri ma da chi decidiamo di essere e dal come noi scegliamo di vivere le situazioni più difficili. Abbiamo sempre la possibilità di trasformare una difficoltà o fragilità in un'opportunità* per migliorarci, crescere, maturare. Sta a noi scegliere!

Se ad esempio siamo persone che tendono a innervosirsi facilmente, possiamo restare in balìa dei nostri stati d'animo ferendo le persone che ci vogliono bene, oppure possiamo decidere di impegnarci davvero nel controllare i nostri scatti di rabbia, scaricare quotidianamente le tensioni facendo sport, crescere nel dominio di noi, condividere con chi ci ama ciò che ci fa stare male per trovare soluzioni costruttive, fare tutta la nostra parte per diventare persone cordiali e disponibili con tutti.

Se siamo timidi possiamo decidere di non lasciarci più bloccare da questa nostra caratteristica esercitandoci nello scoprire e sperimentare la bellezza della libertà nel dire agli altri ciò che pensiamo ed essere noi stessi in ogni situazione. Possiamo vedere inoltre la nostra timidezza come un punto di forza che ci aiuta a essere attenti, discreti verso gli altri.

Se siamo particolarmente sensibili e abbiamo chiuso il cuore per difenderci dietro una corazza per evitare nuove ferite, possiamo invece decidere come indirizzare al meglio la nostra sensibilità gustando fino in fondo le tante emozioni, sensazioni, relazioni profonde che essa ci consente di vivere.

Se ci piace mangiare e tendiamo a ingrassare troppo – cosa che poi ci fa sentire a disagio con noi stessi e con gli altri – possiamo decidere di liberarci dall'etichetta del «*sono grasso e mi piace mangiare bene*, che ci posso fare!» e impegnarci invece con costanza nel fortificare la nostra volontà, nel rinunciare ai dolci, scegliere un'alimentazione sana.

Non serve a niente tentare di nascondere i nostri difetti, le nostre debolezze, fragilità, bisogna avere il coraggio di guardarli, accoglierli per potercene liberare poco alla volta e sostituirli con nuove abitudini, comportamenti positivi, impegnandoci giorno dopo giorno a mettere a frutto le nostre potenzialità, esprimendo tutta la bellezza e la forza interiore presente nel nostro spirito.

Spiccare il volo

C'è una storia che mi hanno raccontato e mi ha colpito. Penso possa esserci di aiuto nel nostro percorso, ma siccome non mi piace il finale la cambio un po'.

C'era una volta... un uomo che trova un uovo!

L'uomo allora inizia a cercare un luogo dove l'uovo possa dischiudersi. Si guarda intorno, e il primo posto che pensa possa fare al caso suo è un pollaio. Decide allora di riporre con grande attenzione nel pollaio l'uovo trovato per caso. Dopo poco l'uovo si dischiude e la creaturina che esce dal suo guscio inizia a crescere insieme a tanti pulcini. Gioca con loro, mangia con loro, impara a camminare e vive nel "suo" pollaio. L'uovo che l'uomo aveva trovato e posto nel pollaio però non era un uovo di gallina ma di aquila. Così il piccolo aquilotto cresce imparando ad adeguarsi in tutto al comportamento dei polli. Impara a fare ciò che fanno loro e finalmente si sente anche lui un bravo polletto, quasi rispettabile. Ha imparato a fare tutto quello che gli altri fanno, pur di sentirsi anche lui parte del gruppo nel pollaio in cui è stato deposto.

Ha fatto di tutto per integrarsi con gli altri pulcini e dopo grandi sforzi si è adeguato alla vita del pollaio. Nonostante tutto però, c'è qualcosa che lui non riesce a spiegarsi e che continua a farlo sentire diverso dagli altri pulcini con cui è cresciuto.

Un giorno alza gli occhi verso il cielo e vede un uccello meraviglioso che vola verso vette altissime, sembrano irraggiungibili per quanto sono alte e splendide. Incuriosito e affascinato dal volo e dalla bellezza di quest'animale si rivolge al pollo più anziano e chiede: «Cosa è mai questa meraviglia?».

«Ma come, non lo sai? È l'aquila, il re di tutti gli uccelli! È davvero bello ma sai, lui appartiene al cielo e noi apparteniamo alla terra.»

Il nostro aquilotto, ormai un po' cresciuto, affascinato dal volo maestoso dell'aquila la guarda a lungo e inizia a sognare di poter volare come lei. Sente che in lui c'è qualcosa che assomiglia a quello splendido uccello ma subito si scoraggia e si ripete: «Peccato, noi non possiamo volare, apparteniamo alla terra, non al cielo!». Così torna alla vita di ogni giorno nel pollaio che ormai è la sua casa. Continua a comportarsi da pollo come aveva fatto fino a quel momento.

Come dicevo non finisce bene la storia originale: «*Lui appartiene al cielo, noi apparteniamo alla terra!*». L'aquilotto continua a vivere nel pollaio e poi muore ancora convinto di essere un pollo.

Allora proviamo a cambiare questo finale perché questa storia può essere in un certo qual modo anche un'allegoria della nostra vita. Possiamo accontentarci di vivere nel pollaio e di fare una "vita da polli", che è quella che troppo spesso la società ci propone, a volte ci impone con una certa prepotenza. Ma possiamo anche scoprire, riconoscere l'aquila, o meglio l'angelo che è in noi.

Allora, proviamo a cambiare la storia in questo modo. L'uovo di aquilotto non è più uno, come nella storia iniziale, ma questa volta sono tre le uova che vengono trovate dall'uomo e poste nel pollaio. Le uova si schiudono e i cuccioli d'aquila imparano a vivere come gli altri polli. Quando però finalmente vedono l'aquila volare maestosa verso vette meravigliose e il pollo risponde loro: «L'aquila appartiene al cielo e noi apparteniamo alla terra», e uno dei tre risponde: «Ma ne sei proprio certo? Anche io voglio appartenere al cielo! Voglio imparare a volare non voglio passare il resto della mia vita a starnazzare in questo pollaio, non mi basta!».

«E vabbe' ma tu sei un pollo! Che ti sei messo in testa? Che razza di idee sono queste? Hai sempre vissuto in questo pollaio, qui sei al sicuro! Dove credi di potere andare?»

«Voglio imparare a volare: anche io ho le ali!»

«E come pensi di riuscirci? Fino a oggi non hai mai volato? Nessuno qui vola... riusciamo a mala pena ad alzarci qualche centimetro da terra ma poi torniamo giù e di fatto facciamo meno fatica a camminare! Tu non sai volare e non sarai mai in grado di riuscirci!»

«Come puoi esserne certo? Io voglio provarci e poi riprovarci ancora! Voglio assolutamente riuscirci!»

«Stai vaneggiando! Sprecheresti fatica e tempo inutilmente! E poi... potresti farti male! Restatene qui tranquillo con noi, nel nostro bel pollaio!»

Il nostro aquilotto però era rimasto troppo affascinato dal volo dell'aquila reale e ormai non sognava altro che potersi librare alto, libero nell'immensità del cielo, proprio come aveva visto fare all'aquila reale. Così l'aquilotto, alquanto caparbio, decide di tentare. Vuole provare in ogni modo e imparare a volare. Lascia il suo pollaio, inizia a cimentarsi nella sua difficile ma entusiasmante impresa. Giorno dopo giorno continua a fare sempre nuovi tentativi per riuscire anche lui a volare.

Più volte cade e si fa male ma non si arrende. Un giorno mentre lui tenta per l'ennesima volta di spiccare il volo verso il cielo senza riuscirci, l'aquila reale lo vede e si accorge che si tratta di un piccolo aquilotto che ancora non ha imparato a volare. L'aquila un po' per compassione e un po' incuriosita dalla determinazione dell'aquilotto, decide di aiutarlo e di insegnargli a volare. L'aquilotto non riesce a crederci. Quel maestoso uccello si è accorto di lui e ora è lì per aiutarlo a realizzare il suo sogno che tutti i polli gli avevano assicurato essere irrealizzabile: imparare a volare, librarsi nel cielo, raggiungere vette alte e meravigliose! L'aquilotto è troppo felice e inizia a fare tesoro di ogni piccolo suggerimento dell'aquila. Le sue ali si sono indebolite perché nel pollaio non le ha mai utilizzate se non per alzarsi di qualche centimetro da terra come tutti gli altri, ma lui si impegna con tutto se stesso a muoversi esattamente come l'aquila reale e, dopo numerosi tentativi falliti, ciò che sembrava impossibile si realizza! Eccolo finalmente volare felice e libero nel cielo! All'inizio è un po' impacciato ma è determinato e di giorno in giorno migliora. Decide così di tornare nel suo pollaio per salutare i suoi amici con cui è cresciuto e renderli partecipi della sua felicità: è riuscito a realizzare il suo sogno! Ha imparato a volare! Gli altri polli stentano a credere a ciò che vedono. Poi finalmente comprendono che il loro amico non era "strano", come per tanto tempo tutti avevano pensato, era semplicemente un aquilotto e non un pollo! Aveva davvero imparato a volare!

Nel vedere realizzato un sogno che sembrava impossibile, anche gli altri due aquilotti, che fino a quel momento non avevano voluto saperne di lasciare la sicurezza del pollaio, perché paralizzati da mille paure, si decidono a imparare anche loro. Crescono, diventano tre meravigliose aquile e di tanto in tanto tornano a salutare i vecchi amici del pollaio ma ora sanno di appartenere al cielo e che è assolutamente più bello volare che restare lì a starnazzare tra il fango e il letame!

Polli o angeli

Ecco allora la vera decisione che dobbiamo prendere! Restare nel pollaio della mediocrità, sempre occupati nel soddisfare gli istinti, i piccoli bisogni quotidiani, o correre il rischio di uscire dal nostro recinto di sicurezza per imparare a volare nell'immensità del cielo, per liberare l'angelo che è rimasto imprigionato nell'etichetta-trappola di "pollo".

Nel nostro caso, a differenza dell'aquilotto, non abbiamo il re degli uccelli, ma addirittura il Re dei re, il Signore della creazione che ha "lasciato il suo Cielo" per insegnare all'angelo che è in noi a volare. Il Signore delle galassie è venuto ad abitare in mezzo a noi su questa terra per ricordarci che "apparteniamo al Cielo"!

«In principio era il Verbo, e il verbo era presso Dio e il verbo era Dio... e il Verbo si fece carne e venne ad abitare in mezzo a noi!» (Gv *1, 1 ss.).*

Ciascuno di noi è chiamato a scegliere: la protezione della vita angusta del pollaio o la fatica e il rischio di lasciare le nostre sicurezze per imparare a liberarci dalla prigione del nostro egoismo e librarci nel cielo dello spirito, per contemplare quei meravigliosi orizzonti sempre nuovi che l'Amore ci dischiude!

Tu che vuoi fare? Vuoi restare nel tuo pollaio o vuoi rischiare, faticare, impegnarti perché l'angelo che è in te possa librarsi in volo e risplendere in tutta la sua bellezza?

Ecco, questa è una decisione molto importante che troppo spesso siamo convinti di aver preso, ma che poi, se guardiamo in tutta onestà alla nostra vita di ogni giorno, scopriamo che non è così. Troppo spesso ci riscopriamo ancora incapaci di volare per mille motivi o di nuovo incastrati, imprigionati, legati, a starnazzare nel letame del nostro misero pollaio anche dopo avere assaporato la bellezza della vita del Cielo.

Quante volte le scelte quotidiane che caratterizzano la nostra vita ci dimostrano questa triste realtà. Forse abbiamo scoperto la bellezza della vita guidata dallo spirito, abbiamo ripetuto con entusiasmo: «Sì Signore, voglio seguire la via di luce e di amore che tu ci hai mostrato per vivere "*come in cielo così in terra*", voglio volare sulle alte vette, contemplare la bellezza di orizzonti sempre nuovi, realizzare il tuo meraviglioso sogno sulla mia vita!».

In un primo momento magari ci siamo anche molto impegnati, con grande passione ed entusiasmo. Abbiamo forse raggiunto i primi risultati ma poi, al sopraggiungere delle prime difficoltà, fatiche, sopraffatti dalle pressioni del mondo, ci siamo riscoperti nuovamente incastrati nella routine quotidiana del nostro povero "pollaio". Imprigionati in quell'angusto recinto del nostro ego, privi di orizzonti, di passione, di entusiasmo... di nuovo ripiegati su noi stessi, a guardare il nostro ombelico, di nuovo troppo impegnati a gareggiare con gli altri per dimostrare chi è il "gallo" più forte, chi becca più vermetti, chi sa far sentire di più il suo "chicchirichì". Per poi riscoprire con amarezza che abbiamo smesso di volare, che le nostre ali si sono indebolite, atrofizzate e ci stiamo accontentando di vivere da polli.

Ecco allora una decisione fondamentale che va non solo presa, ma che poi va perseguita giorno dopo giorno con perseveranza, con tutto l'impegno e la fatica che questo comporta.

Vivere nel pollaio dell'egoismo, in balìa dei nostri bisogni, istinti, passioni, emozioni, impegnati a dimostrare chi comanda nel pollaio, oppure uscire dal recinto soffocante, che però ci dà sicurezza, per prenderci il rischio di volare oltre le vette più maestose e impegnative, per scoprire gli orizzonti meravigliosi, sterminati dello spirito.

Scopri e metti a frutto i tuoi talenti

Come faccio a imparare a volare? Quali sono le mie ali? Quali sono le mie *potenzialità* di angelo iscritte nel mio dna spirituale? Quali sono i *doni* che ho ricevuto e di cui non ho consapevolezza? Quali sono i miei talenti che ho preferito “seppellire sottoterra” piuttosto che fare la fatica necessaria per metterli a frutto?

Nel Vangelo c’è un racconto molto bello di Gesù, che ci può essere di aiuto. La parabola dei talenti: «*Vegliate dunque, perché non sapete né il giorno né l’ora. Avverrà come di un uomo che, partendo per un viaggio, chiamò i suoi servi e consegnò loro i suoi beni. A uno diede cinque talenti, a un altro due, a un altro uno, a ciascuno secondo la sua capacità, e partì. Colui che aveva ricevuto cinque talenti, andò subito a impiegarli e ne guadagnò altri cinque. Così anche quello che ne aveva ricevuti due, ne guadagnò altri due. Colui invece che aveva ricevuto un solo talento, andò a fare una buca nel terreno e vi nascose il denaro del suo padrone. Dopo molto tempo il padrone di quei servi tornò, e volle regolare i conti con loro. Colui che aveva ricevuto cinque talenti, ne presentò altri cinque, dicendo: Signore, mi hai consegnato cinque talenti; ecco, ne ho guadagnati altri cinque. Bene, servo buono e fedele, gli disse il suo padrone, sei stato fedele nel poco, ti darò autorità su molto; prendi parte alla gioia del tuo padrone. Presentatosi poi colui che aveva ricevuto due talenti, disse: Signore, mi hai consegnato due talenti; vedi, ne ho guadagnati altri due. Bene, servo buono e fedele, gli rispose il padrone, sei stato fedele nel poco, ti darò autorità su molto; prendi parte alla gioia del tuo padrone. Venuto infine colui che aveva ricevuto un solo talento, disse: Signore, so che sei un uomo duro, che mieti dove non hai seminato e raccogli dove non hai sparso; per paura andai a nascondere il tuo talento sotto terra; ecco qui il tuo. Il padrone gli rispose: Servo malvagio e pigro, sapevi che mieto dove non ho seminato e raccolgo dove non ho sparso; avresti dovuto affidare il mio denaro ai banchieri e così, ritornando, avrei ritirato il mio con l'interesse. Toglietegli dunque il talento, e datelo a chi ha i dieci talenti. Perché a chiunque ha sarà dato e sarà nell'abbondanza; ma a chi non ha sarà tolto anche quello che ha. E il servo fannullone gettatelo fuori nelle tenebre; là sarà pianto e stridore di denti*» (*Mt* 25, 13-30).

È impressionante questa parabola. Al primo e al secondo servo che hanno saputo fare fruttare i talenti ricevuti, vengono dati altri talenti e leggiamo: «*Bene, servo buono e fedele, gli rispose il padrone, sei stato fedele nel poco, ti darò autorità su molto; vieni e prendi parte alla gioia del tuo padrone*».

Attenzione alle parole: «*servo fedele, vieni e prendi parte alla gioia del tuo padrone*».

Al contrario al terzo servo che si è limitato a custodire sotto terra il talento ricevuto – quindi apparentemente non ha fatto proprio niente di male – vengono rivolte delle parole davvero dure: «*sevo malvagio e pigro... gettatelo fuori nelle tenebre!*». Addirittura: «*datelo in pasto agli aguzzini*».

Attenzione alla tiepidezza

È incredibile! Alcune delle parole più forti della Bibbia non sono per chi opera il male ma per chi si lascia "tarpare le ali" dalla pigrizia dalla tiepidezza: «*Poiché sei tiepido, non sei cioè né freddo né caldo, sto per vomitarti dalla mia bocca*» (*Ap* 3, 16).

Quando non mettiamo a frutto i tanti talenti che abbiamo ricevuto non riusciamo a vivere la vita per cui siamo stati creati – l'amore – e non sperimentiamo quella gioia a cui il nostro cuore da sempre anela ma raccogliamo sofferenza, vuoto, insoddisfazione, solitudine, tenebre... non partecipiamo alla gioia del Regno dei Cieli già su questa terra.

Non viviamo la vita, ci limitiamo a "vivacchiare". Ci accontentiamo di restare in panchina, illudendoci di farci grandi nel dire, con l'aria di esperti, ciò che gli altri dovrebbero fare, ma da vigliacchi non scendiamo in campo, non ci prendiamo il rischio di sbagliare, di essere criticati dagli altri, di cadere e farci male, non ci sforziamo di diventare grandi campioni... ci limitiamo a giudicare gli altri mentre giocano la "nostra partita"!

Restiamo passivi, in balìa degli eventi, delle emozioni, dei vizi, della pigrizia, degli istinti, della corrente. Ci limitiamo a guardare la vita scorrere senza vivere pienamente ogni attimo del nostro pellegrinaggio verso l'eternità.

Ciò che più conta nella vita

Anche le parole di Gesù che seguono questo racconto sono particolarmente forti. L'evangelista Matteo in questo capitolo 25 scrive che Gesù, subito dopo aver raccontato questa parabola, prosegue parlando del giudizio universale, indicando le domande dell'esame finale. Le parole riportate alla fine di questo capitolo ci mettono un po' in crisi: «*Via, lontano da me, maledetti, nel fuoco eterno, preparato per il diavolo e per i suoi angeli. Perché ho avuto fame e non mi avete dato da mangiare; ho avuto sete e non mi avete dato da bere*»... «*Signore, quando mai ti abbiamo visto affamato o assetato o forestiero o nudo o malato o in carcere e non ti abbiamo assistito? Ma egli risponderà: In verità vi dico: ogni volta che non avete fatto queste cose a uno di questi miei fratelli più piccoli, non l'avete fatto a me. E se ne andranno, questi al supplizio eterno, e i giusti alla vita eterna*» (*Mt* 25, 41-46).

Alla sera della vita verremo giudicati sull'amore e non ci verrà chiesto conto solo di quanto abbiamo amato concretamente, del male che abbiamo fatto, ma anche di tutto il bene che non abbiamo fatto!

Il meglio di te

Le potenzialità, i talenti, i doni che il Padre eterno ha regalato a ciascuno di noi sono tantissimi. Se vogliamo davvero non "restare nel pollaio" ma vivere in pienezza la vita dello spirito dobbiamo trovare il tempo per riconoscerli e per individuare le trappole che ci impediscono di fare tutta la nostra parte per metterli a frutto. Dobbiamo *acquisire maggiore consapevolezza di tutte le cose belle che sono parte di noi*, delle nostre caratteristiche positive, dei numerosi doni, talenti, pregi, che ci sono stati donati, che sono potenzialmente presenti in noi ma che troppo spesso rischiamo di sotterrare.

Se ci impegniamo a mettere a frutto i talenti sperimenteremo che aumenteranno: «*...Toglietegli dunque il talento, e datelo a chi ha i dieci talenti. Perché a chiunque ha sarà dato e sarà nell'abbondanza; ma a chi non ha sarà tolto anche quello che ha*» (*Mt* 25, 28-29).

Impegnati ora a scrivere la tua "black list", con i tuoi difetti, fragilità, limiti, vizi...

Con altrettanto impegno compila poi la tua "white list", con tutte le tue caratteristiche positive, talenti, pregi, punti forza, potenzialità ancora inespressi. Non ti accontentare delle prime due liste compilate frettolosamente. Continua ad aggiornarle. Potranno esserti di grande aiuto nello scoprire e mettere a frutto le grandi potenzialità presenti nel tuo spirito e liberare *l'angelo che è in te*, per vivere una nuova vita, ricca di colori, di entusiasmo, passione, libertà vera, gioia piena, pace profonda.

Ecco allora la scheda con le domande di approfondimento a cui rispondere per iscritto e da riguardare periodicamente perché ti possa essere di aiuto nell'individuare i tuoi punti di fragilità, difetti, debolezze e trasformarli in punti di forza, tirare fuori il meglio di te.

Scheda esercizi

Domande di approfondimento (rispondi per iscritto)

• Quali sono le mie principali fragilità, difetti, caratteristiche negative?

• Cosa posso fare per trasformare i miei punti di debolezza in punti di forza?

• Quali impegni concreti posso prendere per limare i miei difetti e potenziare le mie caratteristiche positive?

• Quanto tempo dedico a migliorarmi?

• Come sto scegliendo di vivere? Nel pollaio del mio egoismo, delle mie sicurezze, comodità, limiti, o mi sto impegnando per liberare l'angelo che è in me per "volare sulle alte vette"?

• Che impegni concreti posso prendere per imparare a "volare nel Cielo dell'Amore" e perché la "scintilla divina" che è in me possa risplendere in tutta la sua bellezza?

• Come sto usando i talenti che mi sono stati donati? Ho preferito "seppellirli sotto terra" o mi sto impegnando a fare la fatica necessaria per metterli a frutto?

• Nella partita della mia vita resto per lo più in panchina, sentendomi grande nel pontificare su come gli altri dovrebbero giocare meglio, o mi spendo al massimo per sfruttare al meglio ogni piccola o grande occasione e fare goal?

• Rischio spesso di accomodarmi, arrendermi, di giocare al risparmio, di essere tiepido?

• Mi limito a non fare il male o sono vigilante anche rispetto alle tante occasioni di fare del bene che mi si presentano durante la giornata?

Alla sera della vita verremo giudicati sull'amore, ci verrà chiesto di rendere conto non solo del male che abbiamo fatto ma anche *di tutto il bene che non abbiamo fatto*

• Quali sono i miei talenti, i pregi, le mie potenzialità?

• Cosa sto facendo per metterli a frutto?

• Cosa faccio in concreto ogni giorno per sviluppare il potenziale spirituale che è in me?

• Cosa potrei fare di più? Individuare tre impegni concreti.

In due fogli a parte compila due liste una in cui scrivi tutti i tuoi difetti, fragilità, vizi, debolezze, caratteristiche che reputi negative. Un'altra in cui scrivi tutti i tuoi talenti, caratteristiche positive, potenzialità principali che ti riconosci. Continua a integrare entrambe le liste per almeno due settimane.

Chiedi poi a tre persone che ti conoscono più in profondità e che ti vogliono bene di mettere un sì o un no accanto al tuo elenco (se confermano o meno quella che è la tua percezione dei tuoi principali difetti, vizi, talenti, caratteristiche positive, potenzialità, aggiungendo quelli che loro vedono e che tu magari non hai scritto.

Periodicamente riguarda le liste e cerca di trasformare le tue debolezze in punti di forza, i tuoi difetti in pregi.

Parola di luce. Esperienza risanatrice

«E il Verbo si fece carne e venne ad abitare in mezzo a noi!» (Gv *1, 1 ss).*

«Toglietegli dunque il talento, e datelo a chi ha i dieci talenti. Perché a chiunque ha sarà dato e sarà nell'abbondanza; ma a chi non ha sarà tolto anche quello che ha. E il servo fannullone gettatelo fuori nelle tenebre; là sarà pianto e stridore di denti» (Mt *25, 13-30).*.

«Servo fedele, vieni e prendi parte alla gioia del tuo padrone» (Mt *25, 21).*

«Poiché sei tiepido, non sei cioè né freddo né caldo, sto per vomitarti dalla mia bocca» (Ap *3, 16).*

«Ho avuto fame e non mi avete dato da mangiare; ho avuto sete e non mi avete dato da bere...»... «Signore, quando mai ti abbiamo visto affamato o assetato o forestiero o nudo o malato o in carcere e non ti abbiamo assistito? Ma egli risponderà: In verità vi dico: ogni volta che non avete fatto queste cose a uno di questi miei fratelli più piccoli, non l'avete fatto a me» (Mt *25, 41-46).*

Passaggi fondamentali

- Trasformare i punti di debolezza in punti di forza.
- Cercare di migliorare ogni giorno un po'.
- Da "polli" ad angeli.
- Dall'accomodamento al mettersi in gioco.
- Vigilare sul bene che non facciamo.
- Mettere a frutto talenti e potenzialità.
- In ogni attimo della giornata esprimere il meglio di noi.

4
L'IO IDEALE, L'IO LIMITANTE
Il bisogno di sentirsi accettati

Nei capitoli precedenti abbiamo cercato di individuare alcune trappole tipiche che troppo spesso ci impediscono di scoprire e sviluppare in pienezza le nostre potenzialità per vivere di quell'amore capace di ricolmare il nostro cuore di gioia piena.

Vorrei ora soffermarmi su altre due trappole tipiche che reputo di grande importanza e che ho individuato in questi anni, vissuti sempre a contatto con persone imprigionate a lungo in tante forme diverse di malessere.

Queste *altre due trappole fondamentali* sono costituite da ciò che io chiamo "*l'io ideale*" e "*l'io limitante*". Sottolineo che io li chiamo così, perché l'espressione *io ideale* può essere usata anche in altre accezioni diverse. È quindi importante che precisiamo che significato specifico vogliamo attribuire a questi due termini nel nostro «*percorso di conoscenza di sé e guarigione del cuore su l'arte d'amare*».

L'io ideale

Tutti noi percepiamo le tante aspettative delle persone a noi più vicine e, come abbiamo già sottolineato, ne sentiamo la pressione, abbiamo un particolare timore di deludere le persone che amiamo di più, perché tutti abbiamo un profondo bisogno di sentirci accettati, amati, accolti.

È normale quindi che consapevolmente o inconsapevolmente tendiamo a rispondere, ad adeguarci, per quanto è nelle nostre capacità, a queste aspettative.

Le aspettative che hanno le persone che più ci amano e che noi amiamo, sono numerose e di vario tipo. Spesso cambiano a seconda delle circostanze, del contesto sociale in cui ci troviamo a interagire. Ci sono comunque alcune aspettative, ideali da raggiungere, modelli a cui conformarci, che spesso ci vengono proposti con forza e insistenza proprio dalle persone per noi più importanti. Tendiamo a fare nostri i modelli, gli ideali che ci propongono, sia perché abbiamo fiducia in loro, sia perché l'emulazione nel processo di crescita è un'attitudine dalla quale non possiamo esimerci. Inoltre con il passare del tempo ci convinciamo che più rispondiamo a queste aspettative, più ci conformiamo ai modelli che le nostre figure di riferimento ci propongono, più otterremo il loro amore, la loro stima, che costituiscono elementi assolutamente vitali nella crescita di ogni essere umano.

Non sopportiamo la possibilità di non sentirci accettati, amati, apprezzati dai nostri genitori, dalle persone a cui vogliamo bene. Diventiamo sempre più consapevoli di non potere vivere senza il loro affetto, la loro stima, e facciamo di tutto per riuscire a conquistarli, giorno dopo giorno: temiamo che i nostri comportamenti sbagliati potrebbero un giorno portarci a perdere le persone a cui vogliamo bene. Questo nostro timore viene confermato dalle tante piccole o grandi arrabbiature che provochiamo nei nostri genitori o nelle persone che amiamo quando deludiamo le loro aspettative nei nostri confronti.

Così sotto la pressione delle aspettative, comportamenti ritenuti "stimabili", personaggi ideali, miti, che ci vengono proposti dai nostri genitori, dagli amici, dalla società in cui viviamo, *iniziamo a costruirci un'immagine ideale di noi* a cui poi cerchiamo in qualche modo di uniformarci: *l'io ideale*.

L'immagine ideale di noi che inizialmente cerchiamo di raggiungere e con cui poco alla volta tendiamo inconsciamente a identificarci non costituisce qualcosa di negativo in sé. Il volerci migliorare, imparare da personaggi che stimiamo per avere realizzato qualcosa di grande, puntare ad alti ideali, è qualcosa che ci può essere di grande aiuto per non accontentarci di una vita mediocre e per raggiungere mete e obiettivi particolarmente importanti e significativi per la nostra vita.

L'io ideale però può trasformarsi in una vera e propria prigione, fonte di continuo malessere, quando non viene da noi scelto con consapevolezza e maturità ma resta per lo più il frutto delle pressioni, dei condizionamenti imposti dall'esterno e il bisogno di identificarsi con l'io ideale continua a trovare la sua principale motivazione nella paura di deludere le aspettative altrui e di perdere la stima, l'affetto delle persone che ci circondano. In questo caso l'io ideale può diventare un serio impedimento che non ci permette di vivere la nostra vita, di essere noi stessi. Quando questo avviene si può arrivare a creare una profonda e pericolosa *scissione tra l'io ideale*, che dinnanzi agli altri si tenta di tenere in piedi a tutti i costi, *e il sé reale* (chi di fatto siamo!). Questo ci impedisce non solo di essere liberi dalla continua paura di ciò che gli altri diranno e penseranno di noi, ma spesso ci porta a non volere fare i conti con tutto ciò che di noi non corrisponde all'io ideale che con tanto impegno abbiamo cercato di "gonfiare". Diventiamo così incapaci di mostrare agli altri – ma anche di riconoscere a noi stessi – tutte quelle parti di noi che non rispondono al nostro ideale, anche se di fatto costituiscono una caratteristica irrinunciabile della nostra personalità.

Per meglio comprendere come *l'io ideale* che ci creiamo può trasformarsi in una trappola che ci impedisce di essere noi stessi, di riconoscere i nostri difetti, fragilità, povertà, proviamo a vedere solo qualche semplice esempio concreto.

Abbiamo tante pressioni diverse e tipi di aspettative a cui cerchiamo di rispondere e sono numerosi i modelli a cui ci viene richiesto di adeguarci a seconda dei vari contesti familiari, di gruppo, virtuali, sociali, in cui viviamo.

Il duro, l'ideale *dell'uomo forte*: «Io non ho bisogno di niente e di nessuno! Non posso permettermi di essere sensibile, debole!».

Il vincente. La persona di successo. L'ideale del "the best": «Devo eccellere in tutto, dimostrare sempre, per principio, di essere il migliore!».

Il mito del ribelle. Anche questo è diventato un ideale: essere trasgressivi! «Com'è bello, non rispettare le regole, quanto siamo "fighi" noi che trasgrediamo!»; «Chiunque rappresenta l'autorità è insopportabile, è il nemico da combattere: bisogna fare il contrario di quanto pretende che si faccia!». Anche questo stile di vita è diventato per molti ragazzi un ideale.

Il playboy: «Devo dimostrare il mio valore con le mie numerose conquiste sentimentali da esibire come trofei».

Il boss, la seduzione del potere: «Devo riuscire a essere il capo! Devo trovare il modo di farmi rispettare, temere, comandare sugli altri».

Il paladino della giustizia: «Eccomi: ragazzi non vi preoccupate che me ne occupo io, penso a tutto io!»... «Facciamo un po' di piazza pulita e meno male che esisto io, tra questa massa di corrotti, così porto un po' di giustizia!».

L'ideale dell'intellettuale: «In questo mondo di persone mediocri, con la mia intelligenza devo distinguermi dalla "plebaglia", dimostrare che sono più preparato degli altri, quindi superiore!».

Il supereroe: «Il mondo è in pericolo, sta andando alla deriva. Devo riuscire a salvare tutti. Eccomi!».

Il mito del *"tuttologo", del critico, del genio.*

Ne potremmo elencare molti altri.

Il sé reale

L'*io ideale* che inconsciamente ci creiamo e in cui tendiamo a identificarci può però diventare una pericolosa trappola quando invece di un ideale a cui tendere per migliorarsi, potenziare la parte migliore di noi, si trasforma in una "mongolfiera" che continuiamo a gonfiare perché gli altri possano ammirarci, ma dentro è vuota, manca la sostanza, se ti fa perdere il contatto con il tuo *sé reale*, con chi sei davvero. Sei così preso dal costruire "il vitello d'oro" del tuo io da "adorare", che *investi sempre più nell'apparire e sempre meno nell'essere.* Il tuo tempo, le tue energie, il tuo impegno sono molto più dedicati nel costruire una bella immagine di te, che gli altri possano ammirare, piuttosto che nel migliorare te stesso, diventare davvero una persona di valore, forte, di sostanza, con una solida spina dorsale, coerente, libera da mille condizionamenti, che sa essere se stessa senza alcun tipo di compromesso.

Continui a gonfiare la mongolfiera del tuo *io ideale* perché gli altri possano vedere quanto è bella, perché possa arrivare ancora più in alto. Ma gonfia oggi, gonfia domani... con il passare del tempo la mongolfiera scoppia e tu precipiti con lei. Della bella immagine di te che con tanta cura ti eri creato, del tuo *io ideale* in cui ti eri illuso di identificarti, resta solo aria e tanti brandelli. Il tuo *io ideale*, si frantuma in mille pezzi e tu non sai più chi sei. Hai talmente curato l'immagine di te da mostrare agli altri che hai perso il contatto con chi sei realmente

Quando *l'io ideale* è qualcosa di *imposto, subìto* (*e non scelto con consapevolezza* per mirare a rispondere alle nostre vere aspirazioni più nobili), diventa una prigione che genera una crescente sensazione di malessere interiore, di frustrazione, di disagio nelle relazioni, di solitudine. Cerchiamo di comprendere meglio questo tipo di trappola con qualche esempio.

Il duro

In un mondo che si nutre di consumismo e ogni tipo di relazione è sempre più "inquinata" dall'"usa e getta", *essere sensibile ti rende vulnerabile*, ti espone sempre al rischio di soffrire, essere ferito, preso in giro: «Guardalo, piange! È proprio un poveraccio!».

Ma lui che è lì a fare il "bulletto", forse non piangeva anche lui ogni volta che da bambino soffriva per qualcosa? È forse una cosa indegna piangere? È la prima cosa che facciamo nella nostra vita! Eppure appena si cresce un po' sembra diventare proibito!

«Piangi? Ma come? Smettila di fare la femminuccia! Non devi essere un pappamolle! Non devi piangere! Devi sempre mostrarti forte!»

E così poco alla volta inizi a interiorizzare che tutto ciò cha fa parte del tuo essere sensibile, fragile, impaurito da qualcosa... non va bene! Non devi mostrarlo a nessuno o peggio ancora: non può essere parte di te.

Tu devi essere forte sempre!

In realtà sono tutte menzogne di cui però ci nutriamo ogni giorno. Tutti siamo fragili, abbiamo paura, abbiamo bisogno di piangere quando soffriamo (che ci piaccia o no è una caratteristica tipica della natura umana) e non ci può essere negato di riconoscere, vivere, esprimere il nostro dolore, la nostra sensibilità, i nostri timori. Il dolore, la paura, quando non sono riconosciuti, espressi in qualche modo, si trasformano in rabbia, aggressività, ansia. Diventiamo sempre più nervosi, pronti a esplodere, carichi di una continua tensione e non sappiamo neanche il perché, tendiamo a incolpare gli altri del nostro malessere. Preferiamo trovare sempre qualche nuovo capro espiatorio con cui prendercela se qualcosa non va come vorremmo, piuttosto che riconoscere e dare un nome alle nostre paure, ferite, esprimere il dolore che viviamo a causa della nostra sensibilità che, per quanto tentiamo di rimuoverla, ci appartiene, è parte di noi.

Siamo tutti fragili, deboli, insicuri, sensibili, vulnerabili, bisognosi di affetto, di sentirci accettati, apprezzati... soffriamo per tanti motivi diversi, più o meno nobili. Ma il dolore ha sempre una sua dignità e va riconosciuto, accolto, espresso. Non si può continuare a fingere che non ci sia perché bisogna dimostrare agli altri di essere forti, dei veri "duri".

Quando ci sentiamo in qualche modo costretti a mettere un coperchio su una parte importante di noi, perché non ci pare socialmente accettabile, *rischiamo di creare una scissione tra chi siamo realmente e l'io ideale* che ci viene imposto: devi essere l'uomo/donna duro/forte!

Sono anni ormai che ho a che fare tutti i giorni con i cosiddetti *duri*, *i boss*, *"quelli cattivi"* della strada e ho scoperto quanto tutti in realtà *indossano una corazza, sono prigionieri di una maschera, un'armatura di protezione. Per anni per sopravvivere nella "giungla" della vita, si sono sentiti costretti a relazionarsi agli altri mostrando una falsa immagine di sé.* Hanno imparato ad assumere atteggiamenti che incutano timore, uno sguardo serio e impenetrabile che induca gli altri a sentirsi in soggezione, ma in realtà chi si nasconde dietro l'immagine del duro il più delle volte lo fa proprio per nascondere le proprie insicurezze, debolezze, paure, fragilità... ha paura delle sue paure e non si permette di ammetterlo neanche a se stesso! Deve dimostrare a tutti e a se stesso di essere temibile altrimenti gli altri lo colpiranno, si approfitteranno di lui. Devi combattere per la sopravvivenza, devi incutere timore, non puoi permetterti di mostrare la tua vulnerabilità. E così più ti mostri duro più inizi a illuderti di valere qualcosa e che gli altri finalmente ti rispettino.

L'io ideale del duro però quasi sempre diventa un carcere perché ti porta a tarpare le ali alla tua capacità di amare, ti impedisce di vivere in profondità tanti sentimenti ed emozioni meravigliose legate alla tua sensibilità che hai il bisogno e il diritto di vivere pienamente.

Il vincente

Cercare il successo costituisce uno stimolo positivo per mettere a frutto le nostre tante potenzialità, per puntare a migliorarci ogni giorno. Ma quando diventa il modello di uomo/donna a cui bisogna uniformarsi sempre e a qualunque costo, anche questo tipo di *io ideale* diventa una prigione. Non riesci più a vivere spensierato, a essere semplice, spontaneo, vero, perché *in ogni situazione devi dimostrare di avere successo*. Tutto diventa una gara, una nuova competizione da affrontare. Ti senti in sfida con tutti perché sei sempre preoccupato di dovere dimostrare al mondo di essere vincente.

Ti riscopri *sempre più pressato dall'ansia da prestazione*, perché in qualunque situazione ti senti quasi costretto a "dover dimostrare" qualcosa a qualcuno... prima di tutto a te stesso!

Inoltre, paradossalmente, è piuttosto frequente che proprio chi ha l'ideale della persona di successo e si impegna molto nel costruire la propria immagine di "vincente", di fatto non ha una sana stima di sé e sente il bisogno di ostentare le proprie medaglie, conquistare sempre nuovi riconoscimenti, proprio per fare fronte al proprio profondo senso di insicurezza, di inadeguatezza, che lo porta a dover dimostrare agli altri, ma prima di tutto a se stesso, il proprio valore.

La persona che cerca spasmodicamente il successo si nasconde dietro l'io ideale del vincente ma di fatto è molto spesso caratterizzato da una continua paura di sbagliare, di fallire, di non essere all'altezza, anche perché ovviamente non si può vincere sempre, c'è sempre qualcuno più bravo, più preparato, più forte. Con il passare del tempo l'ansia da prestazione diventa una spiacevole compagna di viaggio a cui troppo spesso si finisce con l'abituarsi.

L'ideale del successo invece di costituire un sano sprone per migliorarsi si trasforma così, poco alla volta, in un imperativo "tirannico" a cui bisogna trovare il modo di rispondere, qualunque sia il prezzo, per coprire quel nascosto senso di inadeguatezza con cui si continua a combattere.

Se cadi in questo tipo di trappola non riesci più a vivere con serenità tutto ciò che la vita ti regala.

È bello potersi sperimentare sempre in cose nuove e imparare dai propri errori, ma se bisogna sempre vincere in tutto, sbagliare diventa vietato.

Bisogna arrivare sempre primi, evitare ogni tipo di errore, di fallimento! Che fatica!

Puntare a migliorarsi sempre è bello e appassionante, ma vivere tutto come una gara in cui bisogna per forza vincere diventa estenuante... quanto stress inutile!

Nella vita è fondamentale permettersi di sbagliare, di cadere e poi rialzarsi, perché sono proprio i nostri errori che ci consentono di crescere, imparare sempre cose nuove, trovare soluzioni più efficaci, scoprire i nostri mille talenti nascosti. Se non sei disposto a correre il rischio di fallire, più e più volte, non potrai mai realizzare qualcosa di grande.

Tutti gli uomini che hanno segnato la storia, gli scienziati che hanno fatto importanti scoperte, i grandi personaggi che hanno fatto la differenza, hanno dovuto fare migliaia di tentativi non riusciti prima di raggiungere i loro obiettivi. Ogni grande scoperta o impresa deve passare il vaglio di tanti apparenti "fallimenti" ma è proprio ogni volta che non si raggiunge il risultato sperato che si può imparare qualcosa di nuovo per avvicinarvisi e poi raggiungerlo.

Se il tuo *io ideale* di persona di successo *non ti permette più di far vivere quel bambino che è in te, che cade, sbaglia, è impacciato prima di imparare qualcosa di nuovo*, che sa dire: «Ho bisogno di aiuto! Mi insegni questa cosa?»... *Se "devi" sempre dimostrare di essere il migliore non potrai mai esserlo davvero*! Per raggiungere l'eccellenza in qualsiasi campo bisogna avere l'umiltà di imparare da chi è più bravo di noi, bisogna avere il coraggio di "fallire" più e più volte per imparare dagli errori e raggiungere risultati sempre migliori. Non esiste il fallimento, che così tanto terrorizza chi è ingabbiato nell'io ideale del vincente, esiste una nuova esperienza da cui anche se non si è raggiunto l'obiettivo sperato si può sempre imparare qualcosa di nuovo.

Non ha alcun senso volere essere sempre i migliori in tutto! Ha invece molto senso puntare a migliorarci sempre con l'aiuto degli altri, perché più mettiamo a frutto le nostre mille potenzialità, più saremo persone capaci di amare gli altri e ci sentiremo realizzati e felici. Viceversa se pretendi di essere il migliore in qualunque situazione sei destinato a fare i conti con un crescente senso di frustrazione perché, per quanto tu possa sforzarti, in qualunque campo dovrai confrontarti con chi di fatto è migliore di te. Tanto più invece imparerai a fare squadra con i migliori, con altri più bravi di te, tanto più potrai davvero perfezionarti e vincerai molte più partite. La partita della vita non la vincono i solisti, gli ambiziosi, gli arrivisti, vince chi impara a fare gioco di squadra, valorizzando al meglio le abilità di ciascuno.

Il tuo ideale di persona di successo può quindi trasformarsi in un'angusta prigione che ti impone di dimostrare di essere ciò che non sei e paradossalmente ti è di impedimento proprio nello sviluppare il meglio di te rispetto alle tue infinite potenzialità non riconosciute.

Per il "vincente" è necessaria allora una profonda riconciliazione con la propria debolezza. Permettersi di scoprire che è bello essere limitati, fragili, piccoli, semplici, imperfetti... perché fa parte della nostra umanità!

«Ed egli mi ha detto: "Ti basta la mia grazia; la mia potenza infatti si manifesta pienamente nella debolezza"» (2 Cor *12, 9).*

È bello non dovere dimostrare niente a nessuno ma riscoprire la bellezza di lavorare in squadra per raggiungere grandi risultati. È entusiasmante imparare ad arricchirsi di ciò che possiamo apprendere da ogni persona, scoprire che ciascuno può essere un dono importante nella nostra vita, un compagno di viaggio che ci sarà di aiuto per raggiungere vette sempre più significative e non un avversario con cui essere in competizione.

Se io devo dimostrare di essere migliore di te, come faccio a far tesoro di tutto ciò che tu sei? Pensa allora di quanta ricchezza mi privo. Se io devo sempre essere la persona vincente, tutto diventa una competizione, tutta la mia attenzione sarà rivolta a dimostrare che io valgo più degli altri e questo mi diventerà di ostacolo nello scoprire tutte le cose meravigliose delle persone con cui ogni giorno mi relaziono, mi priverò di mille possibilità di imparare cose nuove dalle tante persone che incontro nella "scuola della vita".

Il ribelle

Un altro ideale che soprattutto tra i ragazzi tende ad andare molto di moda è il mito del ribelle: «Che seccatura le regole! Che "figo" trasgredirle!».

Il ragazzo ribelle e trasgressivo! È un ideale o è una scusa bella e buona per evitare di affrontare i problemi con l'autorità e con le regole!

È certamente più facile nascondersi dietro il mito del ribelle piuttosto che fare i conti con le ferite subite da un papà magari troppo severo, e da figure che nella nostra infanzia/adolescenza hanno rappresentato l'autorità e che di fatto sono state causa di molta sofferenza. Ma scegliere lo stile di vita trasgressivo: «*voglio una vita spericolata, di quelle che non dormi mai!*», dove non c'è nessuno a cui rendere conto, nessuna regola da rispettare, non può essere una vera soluzione.

Certo per un periodo avere questo ideale del ribelle trasgressivo può essere molto comodo, magari anche divertente. Ma che ideale è trasgredire? In una società civile dove siamo chiamati a convivere con tante altre persone, il non rispetto dei diritti degli altri può mai diventare un ideale di stile di vita?

In ogni convivenza si stabiliscono alcune regole per tutelare il bene della collettività, stabilire dei paletti che ci aiutino a ricordare che la nostra libertà finisce là dove inizia quella degli altri. Non è possibile continuare a non rispettare le tante persone che fanno parte del nostro contesto sociale, calpestare i loro diritti in nome del nostro diritto a fare ciò che ci va e che più ci piace.

Se ad esempio a me piace correre in moto a tutta velocità non posso pensare che questo mi dia il diritto di trasgredire i limiti di velocità, di non fermarmi agli stop, di non rispettare i semafori... perché in questo modo non metto solo a rischio la mia vita ma anche quella degli altri.

Lo stesso avviene nel viaggio della vita. Se non voglio restare a vita un bambino narcisista, devo maturare, comprendere che il mondo non ruota unicamente attorno ai miei bisogni. Le mie decisioni quotidiane non possono prescindere dall'attenzione e dal rispetto verso gli altri e quelle che sono le norme stabilite e che tutti si impegnano a rispettare per tutelare il bene della collettività. Le regole non sono delle "leggi" insopportabili che ci privano della nostra libertà, al contrario ci aiutano a moderare le pretese del nostro ego, a volte ipertrofico, a liberarci dalle nostre dipendenze, immaturità, per imparare a rispettare e a tutelare la libertà e i diritti di tutti. Le regole che caratterizzano qualunque contesto familiare e sociale non sono quindi un qualcosa da subire perché ci ingabbiano, sono un'opportunità da scegliere con maturità per migliorare insieme, perché ci possano essere di aiuto per una convivenza più serena e costruttiva con tutti.

Allora anche *questo mito del ribelle*, che spesso è un modo per non fare i conti con il proprio egocentrismo, egoismo, o con le proprie ferite profonde subite da chi ha rappresentato l'autorità, è *di fatto un'altra trappola*.

Puoi fare il ribelle quanto vuoi, ma poi se vuoi diventare una persona adulta, mettere su famiglia, non puoi continuare a fare il trasgressivo a vita, presentarti al lavoro con i piercing, con la cresta viola, con la bandana, vestito da punk, o con la maglietta e i jeans strappati. Non puoi presentarti "sballato" di marjuana, di pasticche, di alcool, con la solita scusa per non fare la fatica di maturare...: «eh ma io sono un ribelle!...».

È solo questione di tempo. Se non ti decidi a rispettare gli altri e continui a volere fare il trasgressivo a tutti i costi, *resterai solo: questo è il problema*, questa è la conseguenza sicura! Certo è più facile: «Ma io so' ribelle! So' fatto così Non ci posso fare niente!».

È comodo non rispettare le regole, sentirsi *il centro del mondo*: «Io faccio come mi pare, di quello che interessa a te non mi importa niente, perché voglio essere libero di fare quello che mi va!».

Bell'ideale! «E vai! Ribelliamoci tutti. Facciamo quello che ci pare! Ribelliamoci al mondo, alle regole, all'autorità, alle istituzioni a Dio. Ribelliamoci a mamma e papà...»

Certo, rispettare le regole non è piacevole, ma grazie a chi ci mette dei paletti e ci impedisce di diventare degli egocentrici, viziati, egoisti! Evviva se chi ci vuole davvero bene non si stanca di dirci dei no: «Non andare in mezzo al fuoco! Ti bruci! Non correre a tutta birra! Ti schianti! Non assumere droghe, ne diventerai dipendente! Rispetta i tanti semafori nel viaggio della tua vita: ti sarà di grande aiuto per evitare tanti drammatici incidenti!».

Persino Dio ti dà i suoi comandamenti/suggerimenti, ma poi ti lascia libero: proprio perché lui è Amore, l'unica cosa che non può fare è privarti della tua libertà! Ma se tu cadi nella presunzione di saperne più di Lui e vorrai continuare a non rispettare nessuno in nome della tua libertà, di far ciò che ti va, continuerai a "bruciarti", a schiantarti, a sfigurarti e ti scoprirai sempre più solo.

Il playboy

Il playboy è un altro "ideale" che oggi va decisamente di moda ma che è un'altra subdola trappola che impedisce di vivere relazioni di amore e che è invece causa di profondissime ferite. Il playboy ha bisogno di dimostrare il proprio valore aggiungendo nella propria lista di "trofei" da esibire le sue numerose conquiste sentimentali... oggi c'è sempre di più anche la "sexy girl"!

«Hai visto quella/o che schianto? Sapessi!... Ebbene sì, è anche lei/lui nella lista delle mie conquiste!»

Poi in realtà è sempre tutto da verificare... comunque resta il "sapessi!".

E continui a fare la lista dei tuoi bei trofei di belle donne/di begli uomini che hai conquistato, o per essere più precisi "usato e gettato"... e ne sei orgoglioso/a! Te ne vanti con gli amici: «Ragazzi sono proprio un/a grande sapessi quante/i ne ho "portate/i a letto"!»

Grande?! Ma davvero ti senti il super playboy/ sexy girl perché hai fatto sesso con tante/i?!

Davvero pensi che le persone possano essere usate come trofei da esibire, come giocattoli con cui divertirsi per poi gettarli via? Come un bambino quando è stanco del gioco che tanto desiderava e ora ne vuole un altro? Davvero non riesci a renderti conto che non c'è proprio niente di cui vantarsi?! Anche in questo caso, che ti piaccia o no, si tratta di un comportamento decisamente immaturo... Così facendo sei un delinquente, un prostituto perché svendi il tuo corpo per una "dose di piacere", ma rischi di ferire molto in profondità i sentimenti, il cuore, delle persone che magari si stanno illudendo di essere amate da te.

Stai "giocando" con i sentimenti, con quanto di più delicato, di più terribilmente vulnerabile, di più sacro, possiede la persona che fai finta di amare, per nutrire il tuo narcisismo, per raggiungere la tua "dose" di piacere!

Il corpo di un altro/a non è un oggetto da usare per i tuoi comodi! Non hai nessun diritto di "giocarci" per il tuo piacere personale e per dimostrare quanto vali! Dietro ogni corpo c'è una persona, che ha dei sentimenti, un'anima e *così facendo rischi di ferirla molto in profondità* perché in quel momento lei magari si sta illudendo che tu la ami sul serio e ti sta mettendo in mano il suo cuore, spesso già ferito e vulnerabile, non solo il suo corpo.

«No, non è così! Eravamo entrambi d'accordo che era solo un gioco... niente di serio!»

Davvero sei convinto che *possiamo essere dei robot che possono scollegarsi dal proprio cuore ogni volta che lo decidono?*

Quando voglio posso decidere che io uso come mi va il mio corpo e mi scollego dal cuore, dai sentimenti, dall'anima... uso il mio corpo e quello del mio partner momentaneo come un giocattolo, semplicemente per "rimediare la mia dose" di piacere, di sesso! Possiamo decidere se e quando vogliamo scollegarci da ogni tipo di coinvolgimento affettivo, resta solo il "giocattolino del corpo", io mi diverto con il tuo, tu con il mio... e così siamo entrambi un grande playboy e una grande sexy girl?!

Grandi davvero! Hai una lontana idea delle ferite che puoi causare in quelle persone! Hai un minimo di consapevolezza di quanto quella ferita potrebbe segnarle a vita? Credo sia più comodo non pensarci, non porti nemmeno la domanda, continuare la tua serie di conquiste, divertirti, fino a che... la ferita mortale sarai tu a riceverla! È inevitabile perché questo stile di vita è un po' una roulette russa: prima o poi un colpo arriva! Il guaio è che quando arriva, la ferita è talmente dolorosa che si cerca ogni modo per evitare di prendere contatto fino in fondo con quel tagliente e insopportabile dolore, si tenta di rimuoverlo con qualunque mezzo. Meglio "proteggere" il cuore, anestetizzando il dolore, continuando a "drogarti" di sesso, di nuove "conquiste", magari di alcool, di sostanze, di pasticche, nell'illusione di potere alleviare la sofferenza per quella dolorosissima ferita.

Se non prendi consapevolezza di questa trappola perversa potrai ritrovarti presto anche tu a sentirti costretto a chiudere il cuore (proprio come è avvenuto in alcune delle tue conquiste/"vittime" senza che tu l'abbia mai saputo). *Il cuore prima si difende, poi si indurisce e poi diventa di "pietra" per evitare nuove ferite. Questo però se da una parte ti protegge da nuove sofferenze sentimentali, dall'altra può diventare un grande blocco che ti impedisce di vivere in pienezza e in profondità la gioia più bella della vita: amare con tutto te stesso e sentirti profondamente amato per ciò che veramente sei!*

Questi che ho descritto velocemente sono solo alcuni esempi di "io ideale" trappola, ma possono essere di aiuto per comprendere come alcuni modelli ideali con cui tendiamo a identificarci, quando non sono scelti con profonda consapevolezza (ma sono assunti inconsciamente per rispondere alle aspettative degli altri, ai falsi modelli proposti/imposti dalla società, alle pretese del nostro ego, il più delle volte) si trasformano in gabbie che ci imprigionano e ci impediscono di scoprire e mettere a frutto le nostre tante potenzialità, la parte più profonda, più bella e più vera di noi.

L'io ideale, qualunque esso sia, se assunto inconsapevolmente, diventa una subdola trappola che ci porta a ferire e a subire nuove ferite e ci impedisce di vivere la gioia di amare e di essere amati. Non ci permette di scoprire e di fare risplendere quel mistero di bellezza che è in noi.

*Se vogliamo vivere la pienezza della vita che fiorisce dall'amore dobbiamo innanzitutto imparare ad amare veramente noi stessi per ciò che siamo realmente: «Ama il prossimo tuo come te stesso» (*Mt *19, 19).*

Le aspirazioni dello spirito

L'io ideale può divenire un ostacolo alla nostra capacità di amare in pienezza quando ci identifichiamo in modelli e prototipi che crediamo di aver scelto consapevolmente, liberamente ma di fatto li abbiamo assunti per lo più inconsciamente e non sono assolutamente in sintonia con le aspirazioni più vere e profonde del nostro spirito, sono solo il frutto delle tante pressioni e condizionamenti subiti in famiglia, dalla società, dal gruppo di amici, dai media, dai social.

La vera domanda, quindi, è: ma questo io ideale che mi sono creato, in cui magari mi sono identificato, *risponde a quelli che sono le esigenze, i bisogni più profondi del mio spirito*, del mio cuore, della mia anima? È in sintonia con quelli che sono i valori, le aspirazioni, gli ideali che davvero appartengono alla mia essenza spirituale?

Questa immagine ideale di me l'ho scelta io con maturità, consapevolezza, coerenza o è per lo più il risultato del condizionamento subito dagli amici, dalla "cricca", dai genitori, dalla pubblicità, dai modelli che con tanta invadenza e prepotenza i media mi propinano e con cui inconsciamente mi sono sentito in dovere di identificarmi?

Il mio io ideale mi è di aiuto, di ispirazione per cercare sempre di esprimere il meglio di me, per essere me stesso pienamente qualunque sia il contesto sociale e le persone con cui mi trovo a interagire?

Oppure poco alla volta è diventato una gabbia di cristallo, magari bella a vedersi, ma stretta perché mi impedisce di essere me stesso, di esprimere, lasciare vivere parti importanti di me, perché non rispondono all'immagine ideale che "devo" mostrare agli altri e quindi io stesso preferisco non riconoscerle, rimuoverle, metterci un coperchio sopra perché nessuno possa vederle... nemmeno io?!

È fondamentale che ci fermiamo a porci queste domande con molta serietà e ci facciamo aiutare da chi ci conosce e ci ama davvero a rispondere in verità.

Solo quando il nostro "io ideale" sarà in piena armonia con ciò che siamo realmente, con le nostre aspirazioni più profonde, i nostri ideali più alti, con il senso che vogliamo dare alla nostra vita, con quella esigenza di dare un significato profondo a tutto ciò che viviamo, potrà finalmente diventare per noi un punto di forza, un aiuto a vivere in pienezza e non una prigione sempre più opprimente e pressante.

Quali sono i miei ideali, le mie aspirazioni più vere?

Sono creato a immagine e somiglianza di Dio! Quali sono le caratteristiche, le potenzialità, i bisogni, i desideri, i sogni, gli ideali, le aspirazioni più profonde del mio spirito? *Quale è la meta che davvero desidero raggiungere nel pellegrinaggio della mia vita?*

Ho una vita sola, è un dono unico, voglio vivere per qualcosa di grande! Che cosa desidero realizzare di significativo per non ritrovarmi a scoprire alla sera della mia vita di averla vissuta male?

Qual è il sogno che Colui che mi ama immensamente ha fatto su di me fin dall'eternità? Qual è la mia missione?

Quanto il mio io ideale si discosta dal mio sogno, dal sogno che Colui che è l'Amore ha fatto su di me?

Davvero il mio ideale, il senso che voglio dare alla mia esistenza coincide con l'io ideale in cui ho cercato di identificarmi fino a oggi: essere un duro, un playboy, un ribelle, un vincente ecc...? È un ideale che ho scelto con maturità, in piena libertà o è piuttosto frutto dei tanti condizionamenti e pressioni esterne che ho subito?

Questo io ideale in cui mi sono identificato è in profonda sintonia con i miei sogni, ideali, aspirazioni più importanti?

Sono convinto che Colui che mi ha creato e che mi ama immensamente ha sognato per me che diventassi un playboy, una persona ricca, un duro, una brava mogliettina, uno stakanovista, un uomo di potere, un vincente, una persona di successo che elemosina trofei, applausi, medagliette, riconoscimenti?

Magari se trovo il tempo per mettermi in profondo ascolto di queste domande fondamentali scopro che di fatto vorrei puntare a qualcosa di diverso da ciò che fino a oggi ho inseguito, talvolta compulsivamente, sotto la pressione dei modelli che il "mondo" mi ha proposto/imposto. Magari desidero portare un mio contributo importante nella mia grande famiglia umana, lasciare un segno significativo, seguire e tracciare una via di luce che continui a risplendere nel firmamento dell'eternità. Magari in fondo al mio cuore, anche se sto inseguendo, fama, ricchezza, potere, vorrei avere il coraggio come san Francesco di scegliere di percorrere con radicalità la via dell'amore, essere piccolo, umile, semplice, povero tra i poveri, per riaccendere un po' di speranza in tanti che l'hanno persa. Magari vorrei saper scegliere di rinunciare alle pretese del mio ego per imparare a vivere la profondità dell'amore divino, essere piccolo perché la grandezza che Dio ha impresso nella mia anima possa risplendere in tutta la sua bellezza.

Qual è l'*io ideale* in cui ti sei inconsciamente identificato e qual è l'*io ideale* che vuoi scegliere liberamente e con maturità per potere vivere al meglio ogni attimo della tua vita?

L'io limitante

Non è sufficiente, riconoscere e liberarsi dai condizionamenti *dell'io ideale* e *dell'io passionale*, è altrettanto importante riuscire a individuare il proprio *io limitante*.

Ciascuno di noi tende a costruirsi e identificarsi con un suo *io ideale* perché ha bisogno di sentirsi accettato, di sentirsi parte, di sentirsi amato. Ma ciascuno di noi riceve anche una serie di divieti su ciò che non bisogna fare. A volte questi messaggi, che sono necessari nell'educazione, si trasformano in veri e propri ricatti affettivi: *se ti comporti così mi arrabbio!*

È un tipo di ricatto sottile ma che tutti, con modalità diverse tendiamo a subire e a mettere in atto con le persone a cui vogliamo bene.

Le varie esperienze della vita ci portano a convincerci che: «Se sbaglio, se mi comporto male, se non sono sempre disponibile, all'altezza della situazione, il migliore... papà si arrabbia, mi stimerà di meno!»; «Se non faccio la brava ragazza, se non sono sempre gentile, precisa, con ottimi voti a scuola... i miei si arrabbieranno, non saranno abbastanza contenti di me!».

L'io ideale risponde alla pressione delle aspettative degli altri a ciò che crediamo di dovere fare per essere più stimati, apprezzati, amati. L'io limitante è forgiato dalla paura che le persone che amiamo si arrabbino, ci stimino di meno! L'*io limitante* non è quindi il risultato di ideali e modelli a cui io sento di dovermi uniformare ma è piuttosto il consolidarsi di convinzioni condizionanti frutto di divieti e ricatti affettivi subiti.

Tanto più l'io ideale è il risultato non solo dei modelli di riferimento ma anche dei tanti divieti ricevuti, tanto più risulterà un ostacolo alla nostra vera realizzazione, sarà una prigione per noi sempre più stretta.

Gli esempi di "io ideale" che abbiamo visto, sono spesso anche accompagnati da dei divieti che ci sono stati imposti, che se subiti con molta pressione costituiscono appunto parte del nostro "io limitante".

Il duro: non devi essere debole e sensibile!

Il tuttologo: non devi mai fare la figura dell'ignorante, non devi farti trovare impreparato su qualcosa. Devi saperne più degli altri.

Il ribelle: l'autorità è una minaccia, ti farà soffrire. Le regole ti privano della tua libertà non devi rispettarle.

Il playboy: non devi essere meno affascinante degli altri.

Il vincente: non devi mai sbagliare, non devi lasciarti superare da nessuno...

Altrimenti mi arrabbio!

Per rendere un po' più chiaro questo concetto proviamo a vedere insieme altri quattro semplici esempi

La ragazza servizievole e premurosa

Devi essere la brava ragazza, sempre attenta agli altri! Non devi preoccuparti di ciò di cui hai bisogno tu perché devi essere sempre a disposizione, prenderti cura di tutti!

«*Devo fare la "crocerossina"!*» Perché? «Perché se mi permetto di non essere sempre brava, disponibile, sorridente, servizievole, attenta agli altri, pronta a sostenere chi è in difficoltà, si arrabbiano, non mi vogliono più bene, non conto più niente!»

Quante crocerossine! Questo è più un problema femminile, perché il modello del ragazzo servizievole non va molto di moda! Tra i ragazzi tende ad andare per la maggiore il mito del forte, del vincente, del ribelle.

È più facile che arrivi alle ragazze questo tipo di messaggio: «Devi essere buona, brava, disponibile... se davvero mi vuoi bene devi esserci sempre per me. Non importa quello che tu vivi, desideri, soffri, non contano niente i tuoi bisogni... tu devi preoccuparti degli altri, non puoi avere tempo per te, altrimenti non sei degna del mio affetto!».

E così ti trovi a interiorizzare, il più delle volte inconsciamente: «Io devo prendermi cura degli altri perché gli altri hanno bisogno di me, non ce la possono fare se io non mi occupo di loro e poi, se non sono disponibile a rispondere alle loro richieste non mi vorranno più bene!».

Magari tu sei ancora una ragazzina ma ti convinci che sei tu che devi preoccuparti, prenderti cura del tuo papà, dei tuoi fratelli maggiori e non viceversa.

«Devo fare la brava ragazza, essere sempre al servizio, attenta a rispondere ai bisogni di tutti... altrimenti si arrabbiano!»

Quante cose fa la brava ragazza – che poi diventa la brava fidanzatina, mogliettina, madre di famiglia, crocerossina – altrimenti gli altri si arrabbiano e allora non le vorranno più bene.

Alcuni *devi* che abbiamo interiorizzato, fossero anche positivi come: «Devo essere disponibile per gli altri, devo prendermi cura di tutti!», possono diventare *limitanti*.

La "crocerossina", in questo mondo che è sempre più caratterizzato da persone egoiste ed ego-centrate, ha una vita davvero difficile. Perché se una persona profondamente egoista ne trova una molto altruista e sempre disponibile tende ad approfittarne e a ricattarla affettivamente. Chiede sempre di più e più riceve più pretende. Se qualche volta le sue aspettative crescenti vengono deluse lui/lei si arrabbia, ti ricatta affettivamente: «Se non ti prendi sempre cura di me significa che non mi ami e allora io come posso amarti? Non conti niente!».

Tutto diventa preteso, dovuto. L'altro tende a dare per scontato, a non dare alcun valore a ciò che viene fatto per lui, spesso con grandi sacrifici. Le persone ego-centrate, che oggi sono davvero molte, diventano sempre più abili nel fare sentire in colpa chi è sempre disponibile, chi si fa in quattro per loro!

Talvolta si cade in rapporti simbiotici, di co-dipendenza e ci vuole molto tempo prima di arrivare a comprendere che coltivare l'egoismo di qualcuno non è amore né per l'altro né nei nostri confronti.

Proviamo a fare qualche altro piccolo esempio per meglio comprendere gli effetti condizionanti e negativi dell'*io limitante.*

L’insicuro

«Non sei abbastanza in gamba. Non devi sbagliare! *Se sbagli non ti voglio più bene!*»

L’insicuro è sempre condizionato, bloccato da mille paure, è sempre timoroso, indeciso. Ha paura di disturbare, paura di fare, paura di dire. Perché?

«Perché devi riuscire bene in ogni cosa che fai, devi essere in gamba e se non lo sei non ti meriti la mia considerazione, il mio affetto!».

Ma poi, per quanto ti sforzi, non riesci mai a sentirti all’altezza delle aspettative! E così poco alla volta ti senti bloccato, imbrigliato in mille paure paralizzanti. Preferisci restare nella zona di sicurezza, evitare di affrontare le novità, persone con cui potresti sentirti a disagio, preferisci non correre il rischio di sentirti dire: «Hai sbagliato un’altra volta!».

«Ebbene sì, ho sbagliato! Sono una persona umana che sbaglia! Pensa un po’ che cosa incredibile!»

Purtroppo però l’insicuro continua a ricevere proprio dalle persone a cui tiene di più il messaggio: «Nooo! Hai sbagliato di nuovo! Sei proprio un incapace, sei un disastro!».

Questo lo ferisce in profondità e rafforza in lui una crescente sensazione di inadeguatezza, la paura di sbagliare. E purtroppo più si ha paura di sbagliare meno si riesce bene nelle cose e così si entra in un circolo vizioso in cui si rafforza la convinzione di non essere sufficientemente in gamba. Non è facile liberarsi da questa trappola, perché più ti senti insicuro e più tendi a sbagliare e a rafforzare il tuo senso di inadeguatezza. L’unica strada per superare i propri timori è affrontarli per amore di Dio e degli altri, liberi dal condizionamento dei loro giudizi e delle loro aspettative. Più facciamo le cose unicamente per amore più scompare quel senso di timore e di insicurezza che così spesso generano nuova ansia da prestazione: «*Nell'amore non c'è timore, al contrario l'amore perfetto scaccia il timore*» (*1 Gv* 4, 18).

Lo stacanovista

Lo stacanovismo è un'altra trappola apparentemente positiva ma che può dimostrarsi davvero molto limitante, fino a farti perdere di vista la salute e le persone che per te sono molto importanti. Lo stacanovista è fortemente condizionato dal messaggio ricevuto più e più volte: «Devi sempre lavorare, non devi sprecare neanche un istante, non puoi permettere che qualcuno sul lavoro sia più bravo, responsabile di te!»; «Non devi mai poltrire, perdere tempo prezioso! Devi essere il più efficiente e produttivo possibile. Non puoi concederti del tempo per te!».

Così poco alla volta ti convinci che devi dimostrare a tutti il tuo valore con la quantità e la qualità del tuo lavoro, con il tuo senso di responsabilità esemplare. Devi essere impeccabile su tutto ciò che ti viene affidato, ogni compito deve essere svolto perfettamente e meglio di ciò che potrebbe fare chiunque altro. Più ti mostri responsabile, affidabile e preciso, più ti vengono affidate nuove responsabilità e ti ritrovi sempre più preso dal lavoro, dai mille doveri e cose sempre più importanti e urgenti da fare che però iniziano a toglierti il tempo vitale da dedicare a ciò che più conta nella vita. Sei convinto che il lavoro debba essere sempre messo al primo posto e ti senti in colpa quando ti concedi un po' di tempo per te, per i tuoi cari... con tutte le cose che dovresti ancora fare!

Trovi una certa gratificazione nello svolgere al meglio i compiti che di volta in volta ti vengono assegnati e ne fai una malattia se non riesci a fare fronte alle tante responsabilità che ti sono affidate. Per quanto ti ammazzi di lavoro ti sembra sempre di non avere fatto abbastanza, devi fare ancora meglio, lavorare più sodo, raggiungere nuovi importanti obiettivi. Certo il lavoro è importante ma non può essere tutto nella vita! Quando inizi a privarti del tempo vitale da dedicare ai tuoi cari, a ricaricare le batterie, a quei sani stacchi che ti rigenerano, a realizzare altre cose per te significative e importanti... ti ritrovi necessariamente sotto una pressione eccessiva di stress e di ansia che a lungo andare diventano fonte costante di malessere. Sei convinto di ammazzarti di lavoro per le persone che ami, ma poi non ti accorgi che essi in realtà hanno bisogno che tu lavori un po' meno e trascorra invece un po' più tempo con loro!

Se non si riconosce per tempo la trappola mortale in cui si è caduti, spesso la corda si rompe e si perde la salute e talvolta anche gli affetti più cari.

Il narcisista

Un'altra "malattia" terribilmente dilagante è il narcisismo. Anche il narcisista spesso è una persona ferita, profondamente insicura. Vuole essere al centro dell'attenzione. È sempre pronto a farsi notare, a elemosinare applausi, approvazioni, "like" sui social, riconoscimenti. Il narcisista a volte è una persona molta viziata, abituata a sentirsi il centro del mondo, altre volte non è stata amata e considerata abbastanza. Il più delle volte ha ricevuto la ferita del «*non vai bene così come sei*», «non devi essere inferiore agli altri», e così cade nella trappola di dover sempre dimostrare agli altri e a se stesso il proprio valore. Nel caso invece della persona viziata è stata talmente abituata a essere al centro del suo piccolo mondo che alla fine si convince davvero che tutto debba ruotare attorno a lui/lei.

In ogni caso il narcisista continua in ogni occasione a inventarsele tutte per riuscire a *essere* al centro dell'attenzione, per ricevere, applausi, riconoscimenti, approvazione.

Mi sono limitata a pochi esempi, semplicemente per comprendere il concetto di "io limitante". Per chi desiderasse andare più in profondità su questo punto, nel mio libro: *Il prodigio che è in te*, passo in rassegna diversi "personaggi tipo" che ci possono essere di aiuto nel comprendere quanto alcune paure, ferite, divieti, aspettative, possono limitarci e condizionarci in maniera molto significativa.

Cosa puoi fare per liberarti dalle trappole dell'io ideale e dell'io limitante?

«*La verità vi farà liberi*» (*Gv* 8, 32). Essere consapevoli di ciò che ci limita e ci intrappola è un primo passaggio fondamentale. È poi necessario fare un percorso per scegliere oggi di liberarci da tutti i pensieri che continuano a condizionarci negativamente e sostituirli con pensieri positivi. Il passato non possiamo cambiarlo ma nel nostro spirito abbiamo risorse più che sufficienti per cambiare nel presente, per decidere chi davvero vogliamo essere. *Nel nostro spirito possiamo trovare la forza e la libertà per sostituire alle abitudini, comportamenti, pensieri che ci hanno limitato privandoci di tantissime meravigliose opportunità, nuovi atteggiamenti liberanti.* I nostri pensieri condizionano ogni nostro comportamento, decisione, emozione, ma noi possiamo controllare, modificare i nostri pensieri. *Più ci decidiamo a sostituire i modelli di pensiero che "in automatico" ci hanno condizionato in negativo con nuovi pensieri, convinzioni positive, più potremmo fare cambiamenti significativi che ci permettano di vivere al meglio la nostra vita.*

Più scelgo con maturità e consapevolezza chi voglio essere realmente, in sintonia con gli ideali più veri e profondi del mio spirito, più potrò ripulire la mia mente, il mio cuore, la mia anima da tutti i pensieri e comportamenti limitanti, per sostituirli con nuovi input, convinzioni, atteggiamenti che mi siano di stimolo nel realizzare quanto di più meraviglioso desidero davvero per vivere sempre pienamente nella gioia e rendere felici le persone che amo e con cui mi relaziono.

Certamente ogniqualvolta l'io ideale e l'io limitante condizionano in negativo la nostra vita, al di là dei messaggi ricevuti c'è una mancanza di sana autostima. La convinzione errata che non andiamo bene così!

Ciò che più conta non è ciò di cui ci siamo convinti fino a oggi ma ciò che scegliamo di pensare e di credere in questo preciso istante.

Possiamo decidere di eliminare tutte le nostre convinzioni negative e condizionanti su noi stessi sostituendole con diverse convinzioni positive.

Non è però sufficiente decidere di cambiare, bisogna poi impegnarsi con costanza e sacrificio per sostituire i vecchi comportamenti, abitudini, con nuovi atteggiamenti liberanti per potere fare la splendida esperienza rigenerante di sentirci accolti, accettati, amati per ciò che realmente siamo e non perché rispondiamo alle pretese egoistiche degli altri. L'amore vero senza se e senza ma, è l'unico capace di sanare il nostro cuore e di riempire di nuovi colori stupendi la nostra vita: «*Tu sei prezioso ai miei occhi, sei degno di stima e io ti amo*» (*Is* 43,4).

Scheda esercizi

Domande di approfondimento (rispondi per iscritto)

- Quali sono le principali aspettative dei miei genitori che da bambino ho sentito di non dovere deludere?

• Quali quelle dei miei educatori? Dei miei amici? Delle persone di cui mi sono innamorato/a?

• Qual è l'immagine di me ideale con cui oggi tendo a identificarmi?

• Che cosa desidero che gli altri vedano e pensino di me?

• Cerco di mostrarmi forte, e di nascondere la mia sensibilità, le mie debolezze?

• Riconosco di avere bisogno degli altri? Riesco a chiedere ciò di cui ho bisogno?

• Vivo tutto con spirito di competizione per dimostrare di essere una persona vincente?

• Cerco approvazione, riconoscimenti, medagliette, ruoli, successo in tutto ciò che faccio?

• Tendo a essere critico nei confronti di tutto e tutti?

• Com'è la mia vita sentimentale? Sono corretto con le persone che dico di amare o tendo a essere superficiale e a non rispettare i sentimenti delle persone con cui mi relaziono? Sento il sottile bisogno di "esibire" le mie conquiste?

• Tendo a essere trasgressivo? Perché?

• Quali sono i giudizi su di me che non posso sopportare?

• Quali sono i principali divieti che ho ricevuto da bambino?

• C'erano delle cose che io facevo che i miei non riuscivano a sopportare?

• Quali sono gli atteggiamenti, i comportamenti che sento assolutamente di non potermi permettere altrimenti gli altri non mi vorrebbero più bene?

• Sento che per non perdere l'affetto degli altri devo essere, bravo, disponibile, buono, intelligente, servizievole, forte, all'altezza...?

• Quali sono le parti di me che non sono mai riuscito ad esprimere fino in fondo con naturalezza e spontaneità?

• Se dovessi esprimere con una parola il mio io ideale acquisito cosa direi? Quello che sceglierei con piena consapevolezza e liberamente?

• Il mio io limitante?

• Quali sono le persone che stimo di più?

• Se mi libero dai condizionamenti ricevuti qual è la persona ideale che vorrei essere?

• Quali sono i limiti che mi sono stati imposti e poi io stesso mi sono auto imposto da cui sento l'esigenza di liberarmi?

• Quali invece sento di volere scegliere e pormi per esprimere il meglio di me?

Parola di luce. Esperienza risanatrice

«Ed egli mi ha detto: "Ti basta la mia grazia; la mia potenza infatti si manifesta pienamente nella debolezza". Mi vanterò quindi ben volentieri delle mie debolezze, perché dimori in me la potenza di Cristo» (2 Cor *12, 9).*

«Ama il prossimo tuo come te stesso» (Mt *19, 19).*

«Come il Padre ha amato me, così anch'io ho amato voi. Rimanete nel mio amore» (Gv *15, 9-11).*

«Nell'amore non c'è timore, al contrario l'amore perfetto scaccia il timore» (1 Gv *4, 18).*

«Tu sei prezioso ai miei occhi, sei degno di stima e io ti amo» (Is *43, 4).*

Passaggi fondamentali

- Individuare il mio io ideale.
- Individuare l'io limitante.
- Dall'io ideale assunto inconsapevolmente all'ideale di me che scelgo con maturità e libertà.
- Dai limiti che mi imprigionano a quelli che scelgo perché mi liberano e mi migliorano.
- Sostituire le mie convinzioni limitanti e condizionanti con nuove convinzioni che mi siano di aiuto nell'esprimere l'immenso e meraviglioso potenziale presente nel mio spirito.

5

IL BAMBINO FERITO

Le ferite condizionanti dell'infanzia

L'infanzia è un periodo fondamentale dello sviluppo della nostra vita adulta. Traumi e ferite emozionali sofferti da bambini possono influenzare fortemente le nostre fasi di crescita.

Riassumo allora in sintesi qual è la differenza tra ciò che abbiamo definito *io ideale, io passionale*, *io limitante* per passare subito ad approfondire un altro concetto di grande importanza per riuscire a individuare le trappole e le ferite che ci sono di ostacolo nel vivere in pienezza la gioia di amare ed essere amati e nel fare risplendere il nostro meraviglioso potenziale spirituale: *il bambino ferito*.

L'io passionale, rappresenta la parte più istintiva di noi, quella che cerca sempre il proprio interesse, che vive in funzione della paura del dolore e del bisogno di piacere, del "ciò che mi va", che tende a soddisfare passioni, pulsioni, istinti anche a discapito degli altri.

L'io ideale: è il risultato delle aspettative delle persone a noi più care, del mondo, degli altri, dei modelli proposti/imposti dalla società che tendono a condizionarci profondamente, tanto da spingerci a conformarci a questi ideali, per lo più subendoli, interiorizzandoli, senza però sceglierli con maturità, consapevolezza, libertà interiore. È quindi importante, per potere riscoprire chi siamo realmente *fare il passaggio dall'io ideale subìto, più o meno passivamente e inconsciamente, all'io ideale scelto.*

Chi sono davvero? Chi voglio essere? Cosa voglio realizzare di importante e significativo per me? Quali sono i miei più veri ideali?

L'io limitante è il frutto non tanto, come nel caso dell'*io ideale*, dei modelli, degli stili di vita che ci sono stati proposti ma è piuttosto il frutto di tutti i limiti, i divieti, che ci sono stati imposti.

Se vogliamo riscoprire la bellezza di essere pienamente noi stessi, fare risplendere l'angelo che è in noi, essere liberi di amare è molto importante fare i conti anche con ciò che ho definito il nostro *bambino ferito*. Con questo termine vogliamo indicare tutte quelle ferite profonde che abbiamo ricevuto nell'infanzia, che ancora oggi ci condizionano e che ci hanno portato a "censurare", rimuovere, alcune parti di noi, a interiorizzare che non andiamo bene così come siamo, c'è una parte di noi che non va e che quindi non ha il "il diritto di esistere". Se *nell'io limitante* le ferite e i divieti ricevuti sono legati per lo più al: *«Non devi... altrimenti mi arrabbio!», nel bambino ferito* la ferita è molto più profonda perché non è solo il frutto di tutti i divieti, traumi, ingiunzioni ricevuti nell'infanzia ma è legata al: «*Se sei o non sei questo... non vai bene, non ti amo più!*».

Le ferite condizionanti

Sono tante le ferite che riceviamo nella nostra infanzia che possono condizionare negativamente la nostra vita fino a costituire dei veri e propri ostacoli nella nostra capacità di donare e ricevere amore e che di conseguenza ci impediscono di potere essere pienamente felici. È un po' come se fai un brutto incidente e ti rompi una gamba. Se non la curi bene e poi prendi altri brutti colpi puoi restare zoppo a vita. Così è nella nostra capacità di camminare nell'amore: se non curiamo il cuore, ogni volta che riceve qualche brutta ferita e magari si "spezza", possiamo diventare "disabili" nell'amore.

È quindi importante riconoscere le principali ferite che ci hanno segnato in profondità non certo per prendercela con chi le ha causate – tutti noi abbiamo ferito e continuiamo a ferire molte persone, il più delle volte senza esserne consapevoli – ma per evitare che possano inconsciamente continuare a condizionarci e diventare degli importanti impedimenti nella nostra capacità di amare veramente.

C'è una frase molto bella nel Vangelo che già ho citato ma che in questo nostro percorso di conoscenza di sé e guarigione del cuore è davvero fondamentale: «*la verità vi farà liberi*» (*Gv* 8,32). Più abbiamo il coraggio di guardare in verità gli episodi più dolorosi della nostra vita che ci hanno segnato in profondità, meno resteremo condizionati dalle profonde ferite subite.

Spesso sono proprio le ferite più frequenti e profonde che abbiamo ricevuto nell'infanzia quelle che lasciano dei segni indelebili nel nostro cuore, nella nostra anima e possono renderci "disabili", "paralitici", incapaci di amare come vorremmo. Alcune sono talmente dolorose che ci portano a chiudere il cuore fino a renderlo di "pietra". Ci barrichiamo dietro una muraglia impenetrabile per evitare il terribile dolore di nuovi colpi, che abbiamo percepito poter essere per noi "mortali".

Proviamo allora a individuare ora, il nostro *bambino ferito*, alcune delle ferite tipiche ricevute da piccoli (che in parte possono avere contribuito anche alla formazione del nostro *io ideale* e *io limitante*) e se non riconosciute e curate possono limitarci e condizionarci molto profondamente nella nostra capacità di amare:

Non sei mai all'altezza delle situazioni! Non vai bene così!
Sei troppo sensibile: sei un debole.
Non sei il migliore quindi non ti stimo.
Non ti amo più perché c'è un altro/a che preferisco a te.
Ti abbandono: non sei abbastanza importante per me.
Sei uno sfigato/a, non sei abbastanza sexi.
Ho fatto sesso con te solo perché eri l'ennesimo trofeo da esibire, ma non ti amo.
Non hai risposto alle mie aspettative: non ti voglio più bene.
Non sei sufficientemente bravo, mi fai sempre arrabbiare.
Ti voglio bene solo se ti prendi cura di me e fai quello che ti dico.
Non puoi contare su di me perché io sono troppo impegnato in cose più importanti.
Non mi fare innervosire con i tuoi bisogni e le tue richieste sei tu che ti devi occupare di me.
Sei un buono a nulla sbagli sempre.
Se esprimi la tua femminilità sei una prostituta, la sessualità è una cosa sporca.
Non voglio vederti soffrire.
Se non ti affermi sugli altri sei un poco di buono.
La morte di una persona cara.

Proviamo ad approfondire solo alcuni di questi esempi per cercare di comprendere meglio le conseguenze di queste ferite.

Non sei all'altezza delle situazioni

Come abbiamo visto approfondendo l'io ideale, ogni bambino ha bisogno di sentirsi sostenuto dall'amore e dalla stima dei propri genitori. Cerca l'approvazione, le conferme, i riconoscimenti per le sue piccole e grandi conquiste di ogni giorno. Fa di tutto pur di attirare la loro attenzione, di ricevere il loro affetto e di ottenere ciò che desidera. Il bambino ha bisogno di sperimentarsi perché vuole imparare sempre cose nuove. Non si preoccupa di sbagliare perché per lui c'è tutto un mondo da scoprire da esplorare e ogni cosa nuova da apprendere è una sfida, una conquista appassionante, un modo per ottenere l'affetto, l'approvazione dei propri genitori.

I bambini sembrano elemosinare l'attenzione e l'approvazione in tutto ciò che fanno, tanto che spesso ripetono: «Guarda mamma, guarda papà... guardatemi!», e quando vedono lo sguardo soddisfatto dei genitori e più in generale dello spettatore di turno interpellato, sembra che tocchino il cielo con un dito.

Succede però a volte che mamma o papà siano particolarmente tesi, stressati, nervosi per la troppa tensione vissuta al lavoro o per vari problemi che li assillano e così diventano poco attenti alle richieste del proprio bambino che continuamente se ne inventa una nuova per ricevere la loro approvazione. Quando la maggior parte dei tentativi da parte del bambino di ottenere la propria dose di rassicurazione e di stima da parte dei genitori inizia a fallire e al posto di un incoraggiante sorriso, abbraccio, applauso, riceve rimproveri, parole nervose o qualunque tipo di messaggio di disapprovazione, inizia a farsi strada pericolosamente un crescente senso di frustrazione e di insicurezza. Più il bambino non riesce a ottenere l'approvazione e la stima da parte dei propri genitori, più aumenteranno i suoi tentativi nel fare di tutto per avere un qualche tipo di rassicurazione, ma quando il messaggio di risposta che riceve continua ad essere, per mille motivi diversi, di disapprovazione: «Non sei all'altezza, non sei abbastanza bravo, intelligente, forte, simpatico, interessante... *Non vai bene così come sei!*», *la ferita può diventare così profonda e dolorosa da determinare in lui la mancanza di una sana autostima che è fondamentale per il benessere di ogni essere umano.* Se perdiamo la stima della persona con cui dovremo trascorrere il resto dei nostri giorni: noi stessi, avremo certamente una vita non facile.

Il più delle volte la reazione a questo tipo di ferita è la "ritirata": non solo si inizia a rinunciare ai vari tentativi che siano fuori dalla propria "zona di sicurezza", in cui il rischio di sentirsi ancora una volta sbagliati aumenta ma *si inizia a interiorizzare una crescente sensazione di inadeguatezza e di insicurezza.* Si tratta di una ferita profonda, di cui spesso sia i genitori che il bambino non hanno consapevolezza ma che può condizionare molto la qualità della vita e delle relazioni del bambino che poi diventerà adulto. *Il problema più grande di questo tipo di ferite è che esse possono essere così profonde da portarci a rimuovere, reprimere parti importanti di noi.* Potremmo perdere ad esempio la voglia di sperimentarci in cose nuove, di metterci alla prova superando i nostri imiti, tenderemo a evitare di metterci in gioco pur di non rivivere quella sensazione così dolorosa nel leggere nello sguardo delle persone per noi importanti quel: «Niente da fare! *Non sei adeguato, non sei all'altezza della situazione!*», che già in passato ci ha ferito troppe volte. Rischieremo quindi di sotterrare la nostra spontaneità, il nostro innato desiderio di metterci alla prova per mettere a frutto i nostri talenti. *Potremo così non scoprire ed esprimere mai grande parte delle nostre potenzialità.*

Avremo paura di essere noi stessi fino in fondo, *cercheremo piuttosto di uniformarci a quanto gli altri si aspettano da noi pur di evitare di non sentirci all'altezza.* Quel piccolo bambino ferito continuerà, anche una volta cresciuto, ad avere bisogno di continue conferme, a essere pesantemente condizionato dalla paura di non essere all'altezza delle situazioni e sarà proprio questa paura, questa continua ansia da prestazione, che lo porterà a fallire in tante situazioni o a perdere tantissime opportunità importanti che la vita sempre regala. Sappiamo bene infatti che più temiamo di non essere all'altezza di una situazione più la paura ci "depotenzia" e siamo noi stessi a porre le premesse per non esserlo davvero e sbagliare anche in ciò in cui potremmo riuscire benissimo. L'ansia da prestazione è la peggiore nemica nel raggiungere ottimi risultati.

Sei troppo sensibile: sei un debole

Anche questa è una ferita sempre più diffusa e spesso è caratteristica, come abbiamo visto nel capitolo precedente, di chi ha l'ideale del *duro*.

Il bambino esprime con immediatezza e semplicità le proprie emozioni: se è contento sorride e manifesta in ogni modo la sua felicità, se soffre per qualunque motivo è capace di piangere disperato. Esprime il suo affetto per le persone con naturalezza, si stupisce dinanzi alla bellezza dei fiori, del cielo, del tramonto. Se vede una bambina che gli piace le corre incontro e la abbraccia, se vuole bene a qualcuno coglie un fiore e glielo regala o magari gli dona la sua caramella preferita.

Appena inizia a crescere un po' però scopre che non gli è più consentito piangere, esprimere le proprie emozioni, essere spontaneo e soprattutto fare una qualunque cosa che possa farlo apparire sensibile e debole rispetto agli altri. Se prova a esprimere la sua gioia e il suo stupore dinanzi ai tanti spettacoli della natura, inizia ad essere guardato con una certa insufficienza, come se il suo entusiasmo non fosse giustificato. Se cerca di condividere la sua meraviglia nell'ascoltare il canto di un uccellino tutti sembrano essere distratti e presi dalle cose molto più importanti del mondo dei grandi.

Quando poi esprime la sua sofferenza piangendo invece delle coccole e degli abbracci meravigliosi di prima iniziano i rimproveri: «Forza smettila di piangere? Non fare il debole! Ora sei un ometto devi essere forte!»; «Se non smetti di piagnucolare ti do due ceffoni così hai un motivo serio per piangere! Fai l'uomo!»; «Cosa è questo piagnucolare da debole, vergognati!»...

Poco alla volta il bambino interiorizza, non solo come nel caso dell'io ideale del duro che deve sempre mostrarsi forte, ma *si convince che è vietato essere sensibili, piangere*!

«Non posso permettermi di mostrare la mia sensibilità, la mia fragilità, altrimenti gli altri mi prenderanno in giro, mi allontaneranno, non mi stimeranno, mi feriranno!»; «Ma come? Era così naturale e bello potere esprimere la propria sofferenza, piangere, ricevere la comprensione, il sostegno, l'abbraccio, l'aiuto degli altri e ora non posso più farlo altrimenti do fastidio, mi sgridano, mi prendono in giro, mi feriscono, mi considerano un debole?!... Devo crescere!»

Se poi il bambino ormai un po' cresciuto prova a condividere il proprio stupore con gli amici per la bellezza di un fiore, di un tramonto, di un cielo stellato, la risposta anche in questo caso non è più rassicurante come quando era piccolo in cui anche gli altri sembravano capaci di condividere la sua gioia. Il feed-back da parte degli altri cambia completamente: «Ma dai! Ancora che stai a guardare i fiorellini? Non fare il deficiente! Facciamo piuttosto la lotta e mostrami che sai fare? Vediamo chi è il più forte! Oppure facciamo una bella partita con la PlayStation a chi riesce a "stendere" prima l'altro!».

Il più delle volte anche quando poi tenta di condividere con gli "amici" il proprio timore nell'avvicinare una bella ragazza, o il dolore per essere stato lasciato, tutti hanno pronta la loro bella maschera da spavaldi: «Dai fatti sotto, non ci pensare, provaci con quell'altra bella ragazza, non fare il debole! Mostra chi sei! Altrimenti se non ti sbrighi ci proviamo noi con lei!!»; «Ti ha lasciato la tua ragazza?! Che vuoi che sia? Guarda quante ce ne sono in giro! Mettiti subito con qualcun'altra!».

Tutti sembrano fare finta di non capire. Anche per quanto riguarda la sfera dell'affettività tutto diventa una gara, una sfida in cui i sentimenti non hanno più grande importanza, ciò che conta è dimostrare chi è più "figo", chi riesce a "conquistare" le ragazze/i più belle/i.

Le varie ferite che riguardano i tentativi andati male di continuare a condividere la propria sensibilità, fragilità, vulnerabilità, i propri timori... si moltiplicano e in molti casi diventano troppo dolorose. Così il bambino che "deve crescere" inizia a convincersi che se vuole evitare nuova sofferenza non può più permettersi di esprimere la propria vulnerabilità, sensibilità.

E così, ferita dopo ferita, prende la sua decisione: «Non solo devo dimostrare a tutti di essere forte, ma non posso più permettermi di provare ed esprimere certi tipi di emozioni. Se mi mostro sensibile gli altri mi feriranno!». Decide così di rimuovere, mettere un coperchio su una parte importante di sé. Ma è proprio il condividere tutto ciò che riguarda la nostra sensibilità che ci permette di essere noi stessi, di vivere emozioni fondamentali e bellissime, di sentirci profondamente amati per ciò che siamo e non per ciò che dobbiamo dimostrare di essere. Le emozioni più belle appartengono alla nostra sensibilità e se mettiamo un coperchio alle nostre emozioni, paure, timori, tentiamo invano di sopprimere una parte importante di noi, per essere ciò che non siamo.

Mostrarsi sicuri quando ci si sente pieni di timore, mostrarsi forti quando ci si sente deboli, mostrarsi duri quando si è sensibili, mostrarsi felici e realizzati quando di fatto si vive un profondissimo malessere... diventa un modo per difendersi e non sentirsi vulnerabili ma certo non aiuta nel vivere relazioni di amicizia e di amore autentiche, necessarie per sentirsi pienamente felici e realizzati.

Se rimuoviamo una parte di noi nel tentativo di mostrarci per ciò che non siamo si creerà una scissione importante in noi che non farà altro che aumentare il nostro senso di insicurezza, di malessere, di ansia, di frustrazione.

Il nostro bambino debole, fragile, vulnerabile, sensibile ma ferito, continuerà comunque a scalpitare dentro di noi nella speranza che ci decidiamo a riconoscere il suo diritto a esprimersi, a esistere, il suo essere una parte di noi che non possiamo illuderci di sopprimere senza pagarne gravissime conseguenze. Se nel vano tentativo di dovere dimostrare al mondo quanto siamo forti, non ci riconciliamo con le nostre debolezze, fragilità, paure, povertà con la sensibilità che ci caratterizza, queste continueranno comunque, proprio perché non riconosciute a condizionarci inconsciamente e a provocarci un sordo malessere. Non potremo mai sentirci profondamente amati, felici, realizzati.

Non sei il migliore: mi hai deluso

Spesso veniamo educati ad avere un forte senso di competizione. Bisogna eccellere, essere migliori degli altri, primeggiare in ogni campo. Questo atteggiamento fino a che ci aiuta a migliorarci e a tirare fuori il meglio di noi può anche essere uno stimolo positivo. Una sana competizione aiuta a mettere a frutto i propri talenti, a realizzare qualcosa di davvero significativo, a superare la tentazione, che è sempre in agguato, di poltrire, accomodarsi, vegetare, invece che vivere in pienezza. La pigrizia è un brutto vizio e quando meno ce l'aspettiamo ci priva delle nostre migliori opportunità e ci impedisce di essere persone pienamente realizzate. Quando però la competizione ci impedisce ogni forma di cooperazione e comunione, diventa un altro serio ostacolo alla nostra capacità di amare e quindi alla nostra felicità.

Molte volte il bambino sente il bisogno di misurarsi in sfide di ogni tipo con i propri amici per dimostrare a se stesso e agli altri il proprio valore. Fino a un certo punto questa tensione è di aiuto nel cercare di fortificarsi, crescere. Se poi però si arriva a interiorizzare che non solo bisogna sempre vincere ed eccellere (vedi *io ideale: il vincente*) ma che ogni volta che si perde si proverà il dolore della mancanza della stima delle persone a cui teniamo, crescerà la pressione nel dovere raggiungere l'eccellenza a tutti i costi. Anche questo tipo di atteggiamento, se diventa una nostra caratteristica costante, avrà certamente ripercussioni negative sulla nostra salute e nelle relazioni. Si perde la serenità, l'entusiasmo, la passione nel puntare a migliorarsi e cresce invece, giorno dopo giorno, una sempre più intensa e fastidiosa ansia da prestazione. Tutto diventa una nuova gara in cui ciò che conta è vincere: dallo scambiare due chiacchiere con gli amici, al dialogo con il partner e con i conoscenti, al gioco, al lavoro. Non si dialoga più semplicemente per il gusto di condividere, per rilassarsi, per arricchirsi del punto di vista e dell'esperienza altrui, l'obiettivo diventa: essere i più brillanti, i più simpatici, quelli che riescono a catalizzare l'attenzione degli altri, quelli che qualunque sia l'argomento di cui si sta parlando, hanno ragione! Tutto diventa stressante dallo studio, allo sport, all'uscire con gli amici, al giocare alla PlayStation, al lavoro perché tutto si trasforma in una nuova competizione da affrontare in cui bisogna trovare un modo per arrivare a vincere. Altrimenti bisogna trovare qualche furba scappatoia per evitare tutte le situazioni a rischio. Quando un bambino interiorizza la paura di perdere l'affetto, la stima delle persone amate ogni qualvolta non riesce a dimostrare di essere il migliore, impara a relazionarsi agli altri vedendoli come degli avversari da vincere o da temere piuttosto che degli amici da aiutare. Diventerà allora sempre più difficile per lui riuscire ad amare e a sentirsi amato davvero. Poco alla volta si convincerà a rinunciare alla parte più bella del bambino che nell'infanzia lo ha caratterizzato: la semplicità, il sapere ridere di un capitombolo, di un errore, di una sconfitta, la capacità di fare tante domande agli altri per il semplice gusto di imparare sempre qualcosa di nuovo. La bellezza di vivere tutto come un gioco entusiasmante invece che come una sfida da dovere vincere a ogni costo.

Non ti amo più perché c'è un altro/a che preferisco a te

Nella società del consumismo questa è un'altra delle ferite dolorose che prima o poi tutti riceviamo ma se la riceviamo ripetutamente nel periodo dell'infanzia e poi anche nell'adolescenza è particolarmente insidiosa oltre che dolorosa. Quando nasciamo per un certo periodo facciamo l'esperienza di essere un po' il centro del mondo. L'amore di tutti sembra quasi magicamente convergere verso di noi e questo ci fa sentire felici. Riceviamo quel nutrimento vitale, l'attenzione, l'affetto, l'amore.

Mamma e papà ti guardano estasiati. I fratellini, anche se magari a volte un po' gelosi, comunque ti vogliono bene. Tutte le persone ti guardano con un senso di ammirazione e con tenerezza. Arriva poi il tristissimo giorno in cui questa meravigliosa magia inizia a svanire.

Mamma è sempre più occupata in mille altre cose che all'improvviso sembrano essere diventate più importanti di te. Papà torna dal lavoro che è stanco e sembra non essere più in grado di darti le attenzioni che ti dava prima. Gli amici non ti guardano più con quello sguardo ricolmo di tenerezza che avevano nei tuoi confronti.

Poco alla volta comprendi che stai crescendo e che non puoi più pensare di essere il centro delle attenzioni di tutti e bene o male te ne fai una ragione. Ti impegni in mille cose anche tu, ti appassioni nel conoscere il mondo e cerchi di vincere le nuove sfide che la vita ogni giorno ti regala. E fin qui tutto fa parte delle normali fasi di maturazione necessarie per crescere, maturare. In alcuni casi però il passaggio dal sentirsi il centro dell'attenzione di tutti, al sentirsi abbandonati da chi amiamo avviene in maniera particolarmente dolorosa e talvolta traumatica.

Può accadere ad esempio che il bambino inizi ad accorgersi che mamma e papà non si amano più come prima. Sono sempre più presi dai loro litigi e sempre meno capaci di occuparsi di lui. Fino a che, ad esempio, papà inizia a non tornare più la sera. Prima mamma cerca di tranquillizzare il bimbo decisamente inquieto che non si deve preoccupare se papà fa sempre tardissimo o non torna più tutti i giorni... sono aumentati gli impegni al lavoro! Il bambino però capisce presto che ci sono troppe cose che non quadrano. Le sue domande diventano sempre più incalzanti fino a che arriva la conferma di ciò che da tempo temeva: papà è andato a vivere con un'altra! Ha abbandonato la sua famiglia perché ha scelto un'altra donna che per lui è diventata più importante non solo della mamma ma anche dei suoi figli. È una terribile doccia fredda.

Ti abbandono: non sei abbastanza importante per me

Il bambino in un primo momento cerca di mandare giù quella tagliente sensazione di abbandono, ma non riesce a lenire il dolore, la rabbia per ciò che è successo. È come se una spada avesse trafitto il suo cuore e nessuno fosse in grado di comprendere, di alleviare il dolore del suo cuore. Anzi si sforza di nasconderlo perché non vuole che gli altri sappiano che il suo papà se ne è andato, li ha abbandonati, ha preferito un'altra. Per quanto il papà si sforzi di convincere suo figlio/a che gli vuole sempre bene, che tutto resterà come prima, di fatto per lui/lei tutto è cambiato: l'amore è un'illusione, è una bugia, un inganno, una favola destinata a infrangersi contro il muro di una dolorosa realtà.

«Papà/mamma (oggi sempre più può essere anche la mamma a tradire, abbandonare) cosa mi stai raccontando? In tutti questi anni mi hai fatto credere di amare la mamma/il papà, di amare me e adesso mi abbandoni perché vuoi stare con un'altra/o? E io dovrei credere che tu comunque mi ami tanto? Smettila di ingannarmi! Di me allora non t'importa niente! Non credo più nel tuo amore... non credo più nell'amore!»

Quella dolorosa esperienza dell'abbandono ferisce troppo in profondità, scava dentro, giorno dopo giorno un senso incolmabile di vuoto, una crescente voragine di dolore, che è difficile da esprimere se non con una crescente rabbia e aggressività.

Per quanto tutti si sforzino di convincere quel bambino/a disorientato/a che va tutto bene lo stesso, lui/lei sa bene che non è così. La ferita è talmente profonda che il cuore inizia a chiudersi, a difendersi dietro una corazza. Il bambino spensierato di un tempo diventa pensieroso, nervoso, serio, arrabbiato, disilluso.

Un profondo timore si fa strada pericolosamente nel suo cuore, giorno dopo giorno: la paura di affezionarsi di nuovo a qualcuno. Il dolore dell'abbandono è troppo lancinante: «Perché correre il rischio di amare qualcuno se poi lui potrà abbandonarti e farti soffrire così profondamente?!». Resta vivo il ricordo di quel dolore che il bambino per un lungo periodo ha pensato di non riuscire a sopportare: «Meglio difendersi, chiudere il cuore!».

Il bambino poi diventa un ragazzo e arriva il grande giorno: quel cuore che sembrava essersi indurito riprende a battere forte, sempre più forte... ogni volta che arriva lei. Si accorge di essere ufficialmente cotto e anche lei risponde alle attenzioni ricevute! È una sensazione nuova, bellissima! Ogni attimo in cui riesce a ricevere un semplice sorriso dal suo grande amore ha l'impressione di toccare il cielo. Riesce di nuovo a vedere il mondo a colori, sente che sta camminando a dieci passi da terra, che sta volando. La scintilla è scoccata e finalmente inizia quella che il bambino, ormai diventato adolescente, sogna essere la più bella di tutte le storie di amore. Tutto ciò che lo faceva stare male all'improvviso sembra svanire come nebbia al sole. Si sente davvero innamorato: lui la ama, lei lo ama e lui non può desiderare niente di più bello! Si sente finalmente pienamente felice. Ha sempre una sottile paura che questo sogno possa infrangersi da un momento all'altro, ma ogni goccia di affetto, di attenzione, di amore che lei gli regala è balsamo per il cuore ferito. Ma ecco che in un cielo finalmente terso e luminoso si intravvede all'orizzonte un brutto temporale in arrivo.

Non mi vai bene così come sei

Dopo un primo periodo impregnato di "magia", giorno dopo giorno il sogno sembra svanire. Lei non lo guarda più come prima. Non è più premurosa, dolce, piena di attenzioni. È distratta, assente, distaccata. Iniziano le prime incomprensioni, un gelido muro sempre più alto e invalicabile inizia a dividere i due giovani cuori che erano convinti di essere inseparabili. Ed ecco un altro terribile giorno che il bambino ormai cresciuto non riuscirà più a dimenticare: una lama gelida trafigge nuovamente e inaspettatamente il cuore: lei non lo ama più! E ciò che è più allucinante è scoprire che lo ha tradito proprio con un altro prima considerato da lui un amico, di cui ora lei si sente innamorata.

Quel mondo che grazie all'amore era tornato a risplendere di mille colori all'improvviso diventa buio, freddo, angosciante. Il cuore sanguina e niente sembra capace di lenire questa nuova ferita. Il bambino nuovamente ferito vorrebbe piangere, gridare, riempire di botte lei, l'altro, se stesso. Non comprende come ha potuto nuovamente illudersi, permettere a qualcun altro di ferire il suo cuore così in profondità. All'improvviso si sente mancare l'ossigeno, il mondo sembra crollare.

Vorrebbe gridare a tutti la sua rabbia, il suo dolore ma non può farsi vedere vulnerabile. Che figura farebbe se gli altri sapessero che la sua ragazza lo ha tradito? Ha imparato che deve mostrarsi forte, superiore a queste cose! Tutto in lui grida, piange ma nessuno deve accorgersene!

Potranno conoscere solo la sua rabbia, nessuno dovrà mai più permettersi di ferire il suo cuore.

Ora ha deciso di ritirarsi nuovamente dietro quella impenetrabile corazza che per un certo periodo lo aveva protetto dalle ferite ma gli aveva anche impedito di sentirsi nuovamente amato!

La decisione è presa e consolidata: amare è troppo doloroso, non ne vale la pena!

Il cuore si indurisce, si difende. Se qualcuno prova a dimostrargli il suo amore lui lo allontana perché... ha paura di amare, di affezionarsi, perché ha paura di essere abbandonato e tradito un'altra volta. Quel bambino, fragile, bisognoso di amore, di tenerezza, di affetto, di intimità non dovrà più permettersi di esistere. Rinunciare a quelle meravigliose e vitali emozioni? Certo! Troppo rischioso, troppo alto il prezzo, troppo dolore!

Ci vorrà allora qualcuno davvero con un immenso amore per riuscire ad aprire nuovamente una breccia nel cuore indurito di questo ragazzo, doppiamente ferito dall'esperienza dell'abbandono e del tradimento. Solo se il bambino, ormai diventato adulto, saprà riconoscere e accogliere quel bambino impaurito e arrabbiato, saprà riconoscere la profondità del dolore di quelle ferite e decidersi a curarle potrà finalmente ritrovare il coraggio di aprire nuovamente il cuore per farsi raggiungere dai raggi dell'amore. Allora il sole tornerà di nuovo a splendere! Perché possa decidere di tornare ad aprire il cuore fino in fondo a qualcuno dovrà fare un percorso di conoscenza di sé e guarigione del cuore che gli permetta di maturare la consapevolezza che senza amore non si può vivere, che anche se si diventa vulnerabili la sofferenza è un rischio che bisogna continuare a correre, pur con una certa prudenza, perché se è vero che l'abbandono e il tradimento fanno davvero tanto male, vivere senza relazioni di amore vero è ancora più doloroso.

Non hai risposto alle mie aspettative

Anche questa è un'altra ferita tipica che rischia di diventare condizionante. Il bambino, come abbiamo visto, ha una abilità innata nel riuscire a intuire quelle che sono le aspettative delle persone di cui desidera l'affetto. Se in una prima fase della propria vita è molto concentrato su quelli che sono i propri bisogni e su come fare perché gli altri rispondano – è incredibile quanto ogni bambino sia furbo nell'elaborare sempre nuove strategie pur di ottenere ciò che vuole – presto si accorge che tra i suoi principali bisogni c'è proprio il bisogno di approvazione, oltre che di affetto.

Così inizia a sentire il carico di ciò che i genitori si aspettano da lui e fa di tutto per non deluderli. Questo è naturale e può essere un grande stimolo per aiutare il bambino a maturare.

Se però le aspettative dei genitori diventano troppo pressanti, alte, non in sintonia con i suoi bisogni più profondi, anche questo atteggiamento può causare ferite dolorose che tenderanno a condizionare il *bambino ferito* anche una volta diventato adulto.

Quante volte succede ad esempio che il papà voglia che il proprio figlio diventi un campione di calcio quando lui invece preferirebbe un altro sport; un grande avvocato, quando lui vorrebbe essere un artista; una persona di successo e vincente in ogni campo, quando lui mira a una vita serena, in armonia con tutti, senza la continua pressione dell'ansia da prestazione che cresce quando tutto si trasforma in competizione.

Condividere sogni e obiettivi significativi è positivo ma, quando si pretende di plasmare il bambino per realizzare i propri sogni e inconsapevolmente lo si pone sotto la continua pressione del dolore di non sentirsi più amato e stimato ogniqualvolta delude in qualche modo le aspettative delle persone che lui ama, può diventare un atteggiamento estremamente deleterio.

La personalità del bambino rischia così di plasmarsi sotto la continua pressione della paura di deludere le persone che dicono di amarlo. Abbiamo già visto come quando si cade in questo tipo di trappola si fa di tutto nel tentativo di non deludere le aspettative degli altri ma poco alla volta si rischia di perdere se stessi.

Certamente amare gli altri significa anche rinunciare a qualcosa che ci piace per rendere felici le persone a cui teniamo. Ma questa rinuncia deve essere una scelta libera e consapevole di amore. *Se la modalità di relazionarsi alle persone che si amano diventa cercare sempre di adeguarsi a ciò che gli altri si aspettano da noi per paura di perdere il loro affetto, si rischia di vivere la propria vita in ostaggio dei sempre nuovi ricatti affettivi delle persone che dicono di amarci.* Mentre facciamo di tutto per dimostrare il nostro amore cercando di non deludere le loro aspettative, più o meno inconsapevolmente diventiamo incapaci di essere pienamente noi stessi, coerenti con ciò che pensiamo, desideriamo, con ciò in cui crediamo. *Se il prezzo da pagare per ottenere l'approvazione altrui diventa rinunciare ad essere se stessi, coerenti con i propri bisogni, i propri ideali più veri, con la propria coscienza...* c'è qualcosa da rivedere. L'amore è sempre una scelta libera, non significa fare ogni cosa *condizionati dalla paura di perdere l'affetto* delle persone che amiamo. Una relazione di amore vero e appagante ha davvero poco a che vedere con la paura e il timore.

Continuare ad elemosinare l'approvazione degli altri in un mondo di persone super esigenti, critiche, spesso narcisiste ed egoiste, diventa estenuante, frustrante, fonte di costante malessere, perché più ci si sforza di rispondere alle pretese degli altri più aumenta l'asticella delle richieste e delle aspettative. Si continua a elemosinare l'amore in tutti i modi ma non ci si sente mai amati per ciò che si è ma solo nella misura in cui si risponde a ciò che gli altri si aspettano da noi. Questo tipo di amore non ha mai reso felice nessuno semplicemente perché non è amore ma è una trappola in cui il più delle volte si cade senza neanche accorgersene e poi ci si resta imprigionati a lungo.

Non sei sufficientemente bravo

Abbiamo già approfondito nell'io limitante qualcosa rispetto all'ingiunzione di essere una brava ragazza. Cerchiamo ora però di vedere come questo può ferire e condizionare ancora più profondamente il nostro *bambino ferito.*

Quante volte ti sei sentito guardare con volto severo e hai sentito risuonare quelle parole che ancora ti condizionano: «fai il/la bravo/a, altrimenti mi/si arrabbio/a!».

All'inizio non capivi bene cosa significasse quel «fai il bravo», ma il messaggio chiaro era che, se non ti comportavi facendo ciò che ti veniva richiesto, sarebbe capitato qualcosa di molto spiacevole.

In moltissimi casi certamente quel sacro timore che le persone che amavi potessero arrabbiarsi ti sarà stato di grande aiuto per evitare di farti male, di combinare l'ennesimo guaio, per non essere un piccolo dittatore che pretende di fare sempre ciò che vuole. Ti sarà stato utile nell'imparare che non sei il centro del mondo e che la tua libertà non può diventare la scusa per non rispettare le persone con cui vivi. Se poi però questa semplice frase è diventata sempre più ricorrente, fino a trasformarsi di frequente in un'esperienza decisamente dolorosa, avrai iniziato a perdere quella sensazione meravigliosa di spontaneità che avevi sperimentato fin dai primi giorni di vita.

Quando poi hai iniziato a scoprire che invece poteva essere sufficiente la cosa più semplice e bella, come ridere, scherzare, divertirsi, dire la parola sbagliata al momento sbagliato... perché papà/mamma, le persone a te care si arrabbiassero davvero, ne sei rimasto profondamente scosso!

Dapprima una certa incredulità dinanzi a una reazione che sembrava del tutto ingiustificata, poi al ripetersi di questa esperienza dolorosa, giorno dopo giorno, settimana dopo settimana, un crescente senso di paura ha iniziato ad accompagnarti e a condizionarti.

Hai iniziato a chiederti sempre più frequentemente: «Cosa devo fare adesso per evitare che si arrabbi?». Con il passare del tempo poi ti è diventato sempre più chiaro che se eri bravo, disponibile, facevi quanto ti veniva chiesto, evitavi il dolore di una nuova arrabbiatura e magari in qualche caso arrivavi anche a ottenere qualche parola gratificante e un po' dell'affetto di cui avevi così tanto bisogno. Se poi però ti distraevi un attimo e ti comportavi di nuovo in maniera non gradita, lui/lei non solo si sarebbe nuovamente arrabbiato/a ma avresti iniziato a perdere la sua stima, il suo affetto, il suo amore.

Fare ogni cosa condizionati dalla paura che le persone che amiamo possano arrabbiarsi, ferirci dolorosamente o peggio ancora non stimarci più, non volerci più bene è un'esperienza tutt'altro che piacevole e rassicurante.

«Solo se sono buono, bravo, disponibile, se non disturbo, se capisco ciò che "devo fare"... riuscirò a evitare che gli altri si arrabbino con me e conquisterò il loro amore!»

Certamente è una cosa bella puntare a essere bravi, ma vivere sotto il costante condizionamento che qualcuno possa arrabbiarsi e che le persone che amiamo potrebbero non volerci più bene non lo è affatto.

Se poi questa diventa la nostra modalità principale di relazionarci agli altri *si cade nella trappola della brava persona, esemplare, sempre a disposizione di tutti, pronta a sacrificarsi per gli altri in ogni situazione! Ma anche in questo caso non si dà più il permesso a una parte importante di noi di vivere!*

Quel piccolo bambino ribelle, semplice, spontaneo, birbante, un po' trasgressivo, con la sua voglia di sperimentarsi, sbagliare, divertirsi, fare un certo baccano, esprimere i propri bisogni... continuerà ancora a esistere in noi e se non ci decideremo ad ascoltarlo, in qualche modo con il passare del tempo "esploderà", "imploderà", o ci porterà, proprio quando ormai eravamo convinti di averlo completamente sotto controllo, a combinare qualche grande guaio. Potremmo sforzarci di continuare a convivere con quel pesante malessere che deriva dal rimuovere e reprimere una parte importante di noi ma con tutta probabilità prima o poi esploderemo in qualche modo. Avremmo dapprima ripercussioni pesanti sulla nostra salute e poi probabilmente romperemo all'improvviso relazioni importanti che tutti (noi per primi) avevamo pensato essere d'amore e per sempre, mentre in realtà inconsciamente avevamo permesso che si trasformassero in fredde carceri. Scopriamo che abbiamo vissuto troppo tempo in ostaggio di sempre nuovi ricatti affettivi e che nonostante il nostro incessante darci di fare per gli altri loro hanno iniziato a pretendere e dare per scontato il nostro sacrificarci per loro. Di fatto pur se abbiamo permesso tutto questo, convinti di conquistare il loro amore, al posto della gioia di sentirci finalmente amati e apprezzati, poco alla volta cresce la frustrazione di riscoprirsi ricattati, usati, non visti, non considerati, non rispettati nelle nostre esigenze fondamentali e vitali.

Sono tantissime le ferite profonde che subiamo nell'infanzia ma che poi, se non riconosciute e curate, rischiano di condizionarci a vita e diventano un fondamentale ostacolo che ci impedisce di sperimentare quella gioia piena che scaturisce da una vita ricca di relazioni di Amore vero. In questo capitolo ho voluto limitarmi a fare solo alcuni semplici esempi concreti che possano esserci di aiuto nel comprendere quanto sia fondamentale crescere nella consapevolezza delle ferite più ricorrenti e dolorose che hanno caratterizzato la nostra infanzia e quali possano essere le spiacevoli conseguenze se non ci decidiamo a fare i conti con il nostro bambino ferito. Se ti sei riconosciuto in qualcuno di questi esempi e ti sei permesso di prendere contatto con il dolore che ne è scaturito nella profondità del tuo cuore, certamente sarà stato tutt'altro che piacevole. Probabilmente avrai cercato varie scuse per evitare di andare in profondità su ferite che sono troppo profonde e dolorose per farci i conti fino in fondo. Ma ancora una volta la consapevolezza, il coraggio della verità è il primo passo necessario, anche se doloroso, per la guarigione di ferite che ci hanno segnato in profondità e che inconsciamente possono ancora, dopo tantissimi anni, condizionarci pesantemente.

Spesso è tutt'altro che facile individuare le ferite più importanti perché sono talmente dolorose che le abbiamo rimosse e relegate nell'inconscio. Per scoprirle può esserci di grande aiuto cercare di individuare quali sono le osservazioni che gli altri ci fanno che causano in noi delle reazioni spropositate e quali sono le caratteristiche degli altri che più ci danno fastidio e che proprio non riusciamo a sopportare. Spesso sono proprio legate al nostro *bambino ferito* a quelle parti di noi a cui non abbiamo permesso più di esprimersi.

Sarebbe comunque un grave errore guardare al dolore passato per poi essere pieni di risentimento verso chi ci ha ferito. Spesso chi ferisce ha subìto lo stesso tipo di ferita e il rancore non fa altro che rendere ancora più vivo e presente il dolore provato nel passato. Nessuno può dare ciò che non ha ricevuto. Se i nostri genitori ad esempio da piccoli non hanno ricevuto affetto, stima, non sono stati sufficientemente amati, hanno subito pressioni di ogni tipo e sono stati sempre condizionati dalla paura saranno portati a emulare inconsciamente ciò che a loro volta hanno visto fare dai loro genitori. È quindi fondamentale immedesimarci conoscere la storia delle persone che ci hanno ferito e perdonarle. È necessario poi iniziare ad accogliere, prendere per mano, amare, quel piccolo *bambino ferito* che ancora sanguina in qualche zona del nostro inconscio. Solo noi possiamo sanarlo, fargli riscoprire che merita amore!

Mancanza di autostima

Ciò che accomuna tutte le ferite che caratterizzano il nostro bambino ferito è l'avere interiorizzato in seguito a queste espe-

rienze dolorose che ci hanno segnato in profondità, che di fatto non andiamo bene così.

Il frutto doloroso e condizionante di questo tipo di ferite è *la perdita di una sana autostima*. Per riacquisirla non possiamo continuare a dipendere dai giudizi degli altri, tanto più che viviamo in un mondo di critici che si sentono grandi nel giudicare tutto e tutti e nel pontificare su ciò che gli altri dovrebbero fare.

Prova a guardare te stesso allo specchio. Esprimi a te stesso cosa pensi davvero di te?

Sei soddisfatto di ciò che sei, di ciò che hai realizzato? Sei una persona con cui pensi che tutti desiderano stare o al contrario che preferiscono evitare? Tu stai bene con te stesso o ci sono troppe cose di te che non ti piacciono? Nelle tue decisioni quanto ti lasci condizionare da alcune paure di fondo? La paura di ciò che gli altri penseranno di te, di sbagliare, di non essere all'altezza, di essere tradito abbandonato, di essere giudicato, di perdere la stima l'affetto l'amore delle persone a te care...?

La bella notizia è che, anche se ancora non ne sei pienamente consapevole e non riesci a vederlo a causa delle troppe ferite ricevute, puoi stare certo che tu sei una meraviglia stupenda! Il riuscire a scoprirlo davvero dipende solo dalle decisioni che tu da oggi vorrai prendere riguardo a te stesso.

Ci sono delle parti di te che davvero non ti piacciono? Nel tuo spirito hai la forza sufficiente per decidere di impegnarti seriamente a eliminare quelli che consideri essere tuoi difetti, prima di tutto accettandoli con la consapevolezza che nessuno è perfetto.

Poi potrai guardare alle parti di te che le ferite ti hanno portato a rimuovere, reprimere.

Sei davvero convinto che quelle parti di te non abbiano il diritto di esistere, di esprimersi e di essere accolte, amate? È una decisione che hai preso tu o qualcun altro per te? E se provassi a fare vivere con la semplicità che ti caratterizzava da bambino quella parte di te, cosa mai potrebbe succedere? Ora prova a guardare alle tue parti positive e decidi di scommettere su di te. Decidi di esprimerti stima e mai più disprezzo. Se non impari a stimarti tu non potranno farlo gli altri. Se non inizi a farlo da oggi non lo farai mai né lo faranno gli altri per te. Impegnati a scoprire la meraviglia stupenda che è in te e a cui per troppo tempo, a causa della tua mancanza di sana autostima, non hai permesso di esprimersi e di risplendere in tutta la sua bellezza. Scopri la grandezza del tuo spirito, la scintilla divina presente in te e lascia che si esprima senza assurdi condizionamenti, lasciati stupire da quel mistero di bellezza divina presente in te oltre ciò che ora riesci a vedere.

Se vuoi ritrovare quella sana autostima che ti permette di stare bene innanzitutto con te stesso ovunque ti trovi tutto dipende principalmente da te. Se non inizi tu a stimare te stesso non potranno farlo neanche gli altri, oppure tutte le volta che lo faranno tu non riuscirai a crederci davvero. Prova allora a guardare al tuo *bambino ferito* con tenerezza, affetto, comprensione e sostituire i messaggi dolorosi e condizionanti che hai ricevuto con nuovi messaggi di stima e di amore:

«Non vai mai bene!» – «Sei una meraviglia stupenda io credo in te!»

«Sei un incapace!» – «Hai tante stupende potenzialità esprimile al massimo.»

«Sei pieno di difetti!» – «Hai tanti pregi e talenti mettili a frutto!»

«Non ne azzecchi una!» – « Sei degno della mia stima, ce la puoi fare! Io scommetto su di te!»

«Non ti voglio più bene, ti abbandono!» – «Qualunque sbaglio farai fa parte della crescita e potrà concorrere a migliorarti! Io ti vorrò sempre bene e continuerò a scommettere su di te!»

Se hai il dono della fede prenditi ogni giorno del tempo per immergerti nella preghiera del cuore. Lasciati raggiungere in profondità dall'amore risanante e rigenerante di Dio che ti ama immensamente e personalmente. Lasciati rinnovare dalla potenza delle sue parole di luce: «*Non temere, perché io ti ho riscattato, ti ho chiamato per nome: tu mi appartieni. Se dovrai attraversare le acque, sarò con te, i fiumi non ti sommergeranno; se dovrai passare in mezzo al fuoco, non ti scotterai, la fiamma non ti potrà bruciare; poiché io sono il Signore tuo Dio, il tuo salvatore... Perché tu sei prezioso ai miei occhi, perché sei degno di stima e io ti amo. Non temere, perché io sono con te*» (*Is* 43, 1-5).

Se Dio è con te, chi sarà contro di te.

Se Lui ti ama immensamente così come sei, si prende cura di te, scommette su di te, di cosa mai potrai avere paura?! Tutto puoi in colui che ti dà forza! (cfr. *Fil* 4, 13).

SCHEDA ESERCIZI

Domande di approfondimento (rispondi per iscritto)

• Quali sono le principali ferite che ho ricevuto nell'infanzia?

• Mi condizionano ancora in qualche modo?

• Come?

• Quali sono le paure, i timori che più mi caratterizzano?

• Quali sono le parti di me che desidero mostrare agli altri e quali nascondere?

• Quali sono gli atteggiamenti degli altri che non riesco proprio a sopportare e mi fanno arrabbiare di più? Perché?

• Quali sono le situazioni, osservazioni/correzioni che mi feriscono in profondità e mi fanno reagire in modo negativo?

• Quali sono le parti di me che più faccio fatica a esprimere? Quali quelle a cui non do il permesso di esistere?

• Normalmente ti senti all'altezza delle varie situazioni che ti trovi a vivere?

• Ti senti libero di esprimere la tua sensibilità?

• Sei sempre in competizione, devi per forza dimostrare di essere il migliore o sei contento di imparare dai tuoi sbagli e vivi con serenità anche le sconfitte?

• Ti sei sentito tradito, abbandonato?

• Come hai affrontato questo tipo di ferita?

• Ti senti libero di scegliere se rispondere o meno alle aspettative che gli altri hanno su di te?

• Quali sono le principali paure che ti condizionano? La paura di ciò che gli altri penseranno di te, di sbagliare, di non essere all'altezza, di essere tradito abbandonato, di essere giudicato, di perdere la stima l'affetto l'amore delle persone a te care...?

• Ora prova a guardare te stesso allo specchio. Esprimi a te stesso cosa pensi davvero di te?

• Sei soddisfatto di ciò che sei, di ciò che hai realizzato?

• Sei una persona con cui pensi che tutti desiderano stare o al contrario che preferiscono evitare?

• Tu stai bene con te stesso o ci sono troppe cose di te che non ti piacciono? Quali sono?

• Cosa ti impedisce di cambiarle in meglio?

• Quali sono le parti di te che le ferite ti hanno portato a rimuovere, reprimere? Sei davvero convinto che quelle parti di te non abbiano il diritto di esistere di esprimersi, di essere accolte, amate? Se ne sei convinto è una decisione che hai preso tu o qualcun altro ti ha fortemente condizionato con ricatti affettivi non sani per te?

• E se provassi a vivere con la semplicità che ti caratterizzava da bambino quella parte di te?

• Guarda alle tue parti positive e decidi di scommettere su di te. Decidi di esprimere stima a te stesso e mai più disprezzo!

• Metti molto impegno nella preghiera del cuore. Lasciati raggiungere in profondità dall'amore risanante e rigenerante di Dio, che ti ama immensamente e personalmente.

• Che impegni concreti puoi prendere da oggi perché la grandezza del tuo spirito, presente in te, possa finalmente esprimersi senza più assurdi condizionamenti, e quel mistero di bellezza divina presente in te, oltre ciò che ora riesci a vedere possa finalmente risplendere?

Parola di luce. Esperienza risanatrice

«Amerai dunque il Signore Dio tuo con tutto il tuo cuore, con tutta la tua mente e con tutta la tua forza. E il secondo è questo: Amerai il prossimo tuo come te stesso. Non c'è altro comandamento più importante di questi» (Mc *12, 30-31).*

«Poi Pietro s'avvicinò a Gesù e gli domandò: "Signore, quante volte devo perdonare un fratello che mi ha fatto un torto? Fino a sette volte?". "No", rispose Gesù. "Non solo fino a sette volte, ma fino a settanta volte sette!"» (Mt *18, 21-22).*

«Tu sei prezioso ai miei occhi, perché sei degno di stima e io ti amo, Non temere, perché io sono con te» (Is *43, 1-5).*

«Amatevi gli uni gli altri con affetto fraterno, gareggiate nello stimarvi a vicenda» (Rm *12, 10).*

«Non giudicate e non sarete giudicati» (Lc *6, 37)*

Passaggi fondamentali

- Dalla solitudine alla comunione.
- Dalla competizione alla cooperazione.
- Dal «non ho bisogno di niente e di nessuno», al «ho bisogno degli altri e di Dio, di amare e sentirmi amato».
- Riconoscere il bambino ferito che reclama i suoi diritti, individuare le ferite condizionanti.
- Impegno in un percorso di guarigione del cuore per liberarsi dai condizionamenti delle ferite più profonde.
- Sostituire i messaggi dolorosi e condizionanti che hai ricevuto con nuovi messaggi di stima e di amore.

6
AFFETTIVITÀ E SESSUALITÀ
La paura di amare

Ferite nell'affettività

Abbiamo cercato di evidenziare nei capitoli precedenti quanto le ferite subite durante l'infanzia possano poi continuare a condizionarci e a limitarci nella nostra capacità di donare e ricevere amore. Vorrei ora porre una particolare attenzione alle ferite che riguardano l'affettività e la sessualità. Si tratta anche in questo caso di ferite molto dolorose che possono colpire il cuore in profondità e segnarlo con cicatrici indelebili. La sessualità è indubbiamente un dono grande, sacro, meraviglioso ma purtroppo quando viene disgiunta dall'amore i danni possono diventare davvero devastanti.

In questi anni in cui ho vissuto sempre a contatto con giovani in situazioni di profonda sofferenza, cercando di restare in ascolto del "grido" di migliaia di persone, spesso disperate, che hanno continuato a bussare alla porta del mio cuore e della Comunità Nuovi Orizzonti in cerca di un aiuto, ho dovuto constatare che le ferite legate alla sessualità sono sempre più diffuse, profonde, spesso drammatiche, terribilmente dolorose e condizionanti.

Quando ho iniziato ad andare in strada di notte ero convinta che, tra le piaghe più dolorose che colpiscono i giovani oggi, ci fossero la tossicodipendenza in tutte le sue molteplici sfumature, l'alcolismo, la devianza, la miseria (avevo ascoltato le storie incredibili di tanti ragazzi immigrati in Italia per sfuggire a situazioni di violenza e di povertà inaudite). Sono però ben presto arrivata a constatare che c'è un'altra piaga ancora più devastante, anche se meno visibile, che cresce in maniera silenziosa ed esponenziale e miete milioni di vittime nell'inconsapevolezza dei più.

Si tratta della *sesso-dipendenza*: le ferite e le "morti" (non solo fisiche ma anche nell'anima) che la sesso-dipendenza tende a generare sono meno tangibili, misurabili rispetto ad esempio alla tossicodipendenza, all'alcolismo, ma sono davvero drammatiche.

Se muore un tossicodipendente di overdose, un alcolista per abuso di alcool o per aver guidato ubriaco ce ne accorgiamo, ma se "muore" interiormente qualcuno per essere stato abusato, depredato della propria innocenza, colpito a morte nella parte più vulnerabile del cuore, difficilmente lo veniamo a sapere, perché si tratta di "ferite", "morti" spesso invisibili anche se terribili.

La strage degli innocenti

Vorrei soffermarmi solo su qualche dato perché ci può essere di aiuto per meglio comprendere, almeno in piccola parte, l'entità e la gravità di questo fenomeno. Si tratta di una "guerra mondiale" sotto gli occhi di tutti ma di cui nessuno sembra avere sufficiente consapevolezza.

Sono 150 milioni le bambine e 73 milioni i bambini *che hanno ricevuto abusi nella sessualità.* Si tratta di dati UNICEF[1]

[1] Cfr. Studio ONU: *Violenza sui minori, i dati della vergogna.* Dati dell'Organizzazione Mondiale della Sanità e dell'UNICEF.

ed è noto che i dati statistici, soprattutto per quanto riguarda gli abusi, sono sempre di molto inferiori a quelli reali. È ovvio che non è che ogni bambino che è stato abusato trova il modo di farlo sapere all'UNICEF.

I dati ONU sono ancora più drammatici: *il 30% delle persone afferma di aver subito abusi nella sessualità.* Devo dire che in tanti anni in cui mi sono fatta carico della sofferenza di migliaia di persone mi sono resa conto che davvero la percentuale di persone (insospettabili, non mi riferisco quindi ai ragazzi di strada) che mi hanno riferito di avere ricevuto abusi è altissima: nelle mie statistiche di confidenze personali posso confermare il drammatico dato di una persona su tre. La profondità della ferita di chi ha subito questo tipo di violenza è indescrivibile e segna in profondità tutta la vita della persona abusata. Raccogliere il grido di una persona che ha vissuto questa esperienza è davvero molto doloroso.

Il 40% delle donne è vittima di violenze di vario tipo[2].

Pensiamo poi alla piaga della prostituzione-schiavitù che tutti continuiamo a fare finta che non esista e non ci preoccupiamo in nessun modo delle storie davvero allucinanti di tante delle ragazze che ogni giorno sono costrette a svendere i loro corpi a viandanti senza scrupoli – spesso professionisti affermati, padri di famiglia – nell'indifferenza dei più. Certo se una ragazza denuncia di essere stata stuprata dal branco e ne fornisce le prove, per qualche giorno la notizia finisce nei Tg e nelle prime pagine dei giornali. Ma delle migliaia di stupri che ogni notte continuano a consumarsi nei gelidi marciapiedi delle nostre metropoli, sotto la pressione delle violenze inimmaginabili dei cosiddetti "protettori" e della malavita organizzata, non se ne parla quasi mai.

È la più aberrante delle forme di schiavitù eppure i "mercanti del sesso" continuano a mietere le loro vittime tra

[2] *Violenza sulle donne nel mondo: è ora di finirla!*, in *www.actionaid.it*

tante/i ragazze/i indifesi e si fa ben poco per combattere il dilagare di questa piaga inaccettabile.

Ci si continua a volere illudere che è tutto ok, perché in fondo si tratta del lavoro che questi ragazzi/e hanno scelto per fare soldi. Ma per quanti/e è davvero una scelta libera?

Ancora vogliamo raccontarci che non sappiamo che dietro al "mercato" della prostituzione ci sono i nuovi schiavisti senza scrupoli che hanno svenduto l'anima al "dio denaro", con la complicità di chi ogni giorno, chiedendo prestazioni sessuali a pagamento, continua ad alimentare questa terribile tratta di esseri umani.

Gli *aborti*. Anche questo è un dato davvero inquietante. Siamo passati dal «sesso tutto peccato» al «meno male che si può far tutto» tanto c'è la pillola, c'è il preservativo, c'è la spirale...

Eppure abbiamo niente di meno che *56 milioni di aborti ogni* anno, secondo i dati dell'OMS. Con quanta superficialità si consiglia a una ragazza di abortire, come se si trattasse di togliere un dente.

Hai mai parlato con una donna che ha abortito? Io sì. Troppe e troppe volte.

Già l'aborto naturale per una donna è un lutto dolorosissimo che la segna in profondità, per moltissime poi, che spinte da pressioni di vario tipo, hanno deciso di abortire, questa scelta spesso si trasforma in un vero e proprio incubo. Ho conosciuto troppe donne che nel momento in cui sono arrivate a prendere contatto con questo dolore (qualcuna a volte riesce a rimuoverlo anche per qualche anno) sono cadute in una depressione terribile.

Hanno voluto fare credere alle donne che è un loro diritto abortire, che è legale e quindi tutto a posto!

«Ma dov'è il problema? Era nel tuo grembo soltanto da due mesi, non era un bambino, tuo figlio, neanche lo hai visto!» Sono menzogne pericolosissime, perché la realtà è che la donna sa, sente (che sia a livello conscio o inconscio fa poca differenza) che una vita sta fiorendo nel suo grembo, e quando questa vita viene sradicata e soppressa con violenza, per lei, che in fondo sa bene che si tratta del suo bambino, è un trauma profondissimo. Molto spesso chi ha abortito rielabora, con il passare del tempo, che non solo il suo bambino è morto, ma che è lei che lo ha ucciso perché le hanno fatto credere che era la scelta migliore da fare.

La "morte" della mamma in troppi casi non è da meno della morte del bambino. Quest'ultimo, per chi ha il dono della fede, va dritto in Paradiso, per chi non ce l'ha non è mai esistito e quindi non ha sofferto. Ma di ciò che poi si troverà a dover affrontare la mamma, nel nascondimento e nel silenzio, sembra non importare un granché a nessuno, tranne a chi si ritrova impreparato a dover vivere questo dramma in prima persona... ma ormai non può più tornare indietro.

«Ma sì, facciamo sesso, divertiamoci! Tanto che problema c'è? Ci sono i contraccettivi!» Divertiamoci sulla pelle delle donne! Che poi se il contraccettivo per qualche motivo non funziona (quanti figli dei contraccettivi!) il problema è sempre per lo più della donna, che purtroppo si trova inaspettatamente a pagare un prezzo troppo alto. Il papà soffre questa decisione in maniera molto diversa rispetto alla donna. A volte neanche lo sa che lei ha abortito e molte volte è il primo a fare ogni tipo di pressione perché lei prenda questa dolorosissima decisione.

Il tunnel della pornografia

Passiamo ora ad alcuni dati relativi alla *pornografia*. Anche questi sono tutt'altro che rassicuranti e il più delle volte parte tutto da lì, perché poco alla volta trasforma le persone che ne diventano dipendenti in "macchine da sesso", o per la precisione "da guerra", perché si inizia a passare come carri armati sui sentimenti delle persone. Molto spesso infatti si diventa dipendenti dalla propria "dose di sesso" che bisogna raggiungere in tutti i modi e si passa presto a "spezzare il cuore" di tanti/e senza neanche accorgersene.

Una ricerca americana rivela che sono 2 miliardi e mezzo al giorno le e-mail pornografiche. Ogni giorno il 25% delle ricerche su internet riguardano la pornografia: una su quattro.

Nove bambini su dieci (in età dagli otto ai sedici anni), molti già dagli otto anni, hanno visto immagini pornografiche su internet[3].

Abbiamo una minima idea di cosa possono provocare quelle immagini nella mente di un bambino, di un adolescente che deve scoprire ancora la bellezza di una relazione di coppia, di tutte le emozioni bellissime legate alla sfera della propria affettività, sessualità quando si ama e ci si sente davvero amati da qualcuno?

I danni che l'uso compulsivo della pornografia può provocare nello sviluppo psico-affettivo-sessuale di un bambino o di un adolescente sono seri perché, il più delle volte, lo rendono incapace di vivere la propria sessualità come strumento per esprimere il suo amore alla persona che ama e lasciarsi raggiungere in profondità dal suo amore. La pornografia infatti ti induce piuttosto a usare i corpi degli altri come "giocattoli" per la tua "dose" di piacere da raggiungere necessariamente.

Il mercato del sesso continua a bombardare i ragazzi con prepotenza per trasformarli in sesso-dipendenti ma tutto questo meccanismo perverso provoca ferite "mortali" nel cuore di troppi, defrauda i bambini della loro innocenza, della loro purezza, della loro capacità di amare, del loro diritto a innamorarsi e vivere una storia bellissima di amore vero

[3] Cfr. DAILYBEST, *15 Statistiche Scioccanti sulla Pornografia Online*, 14 gennaio 2015.

e non di "usa e getta"! Sì, ogni ragazzo ha il diritto di vivere la propria stupenda storia di amore! Eppure tutto questo sta privando troppi di questo fondamentale e sacrosanto diritto. Sempre più spesso, fin dalla tenera età si fa la dolorosissima esperienza di aprire il proprio cuore a qualcuno, per sentirsi poi "violentati" nella profondità dei propri sentimenti, sfregiati nell'anima, traditi, usati e gettati, ridotti a oggetti più o meno capaci di procurare la "dose" di piacere alla persona da cui ci si è illusi di essere amati, che invece presto si rivela essere il nuovo sesso-dipendente di turno.

Sessualità e amore

Purtroppo siamo passati con troppa velocità a due opposte posizioni, entrambe a mio avviso pericolose, riguardo a un tema delicato come quello relativo alla sessualità. Fino a pochi anni fa si tendeva a vivere la propria sessualità come un tabù e con un certo senso di colpa: «Il sesso? Non se ne può fare a meno ma è tutto peccato!».

Poi l'estremo opposto: «Basta con questi assurdi tabù! Il sesso è una cosa meravigliosa, quindi divertiamoci! Tutto si può fare... anche da ragazzini!».

Tentiamo allora di scorgere qualcosa del disegno di Dio sulla relazione di amore tra l'uomo e la donna per cercare di ritrovare un minimo di equilibrio, una bussola che ci aiuti ad avere un po' di orientamento.

Abbiamo visto come uno dei messaggi che possiamo avere ricevuto da bambini è proprio: «Il sesso: tutto sporco, tutto peccato! Se vivi la tua sessualità sei...!».

Poi però a un certo punto ti trovi sotto pressione, a dover fare i conti con quella parte di te su cui hai tentato di mettere un coperchio.

Per un po', finché tutto è sporco e tutto è peccato, ce la metti tutta per non "cedere alla tentazione", poi però sei bombardato da tutto e tutti. Se hai messo il tuo bel coperchio su tutto ciò che riguarda la tua sfera sessuale a un certo punto rischi di esplodere.

«E ora che faccio?... Ma sì, facciamo di tutto e di più e chi se ne importa! Fanno tutti così mica posso continuare a passare per lo/a sfigato/a di turno.»

Così inizi a fare le tue prime esperienze e spesso te la prendi con i tuoi genitori, con la Chiesa, con Dio, e con tutti quelli che ti hanno detto che non si poteva fare nulla. «Se Dio mi ha fatto così perché mai mi dovrei privare di questa bellissima esperienza?»

Poco alla volta, senza neanche rendertene conto inizi a cadere nell'eccesso opposto: da che non si poteva fare nulla a che si può fare tutto e... diventi dipendente! Inizi anche tu a ferire e a essere ferito!

Attenzione, perché in entrambe queste posizioni estreme le conseguenze sono negative.

Intanto non è affatto vera l'affermazione: «La Chiesa dice che è tutto peccato!».

La *Gaudium et spes* e il Catechismo della Chiesa Cattolica, ribadiscono con forza, la bellezza e la sacralità della sessualità. «*Quando gli sposi cristiani, svolgono il loro ruolo procreatore e si assumono generosamente le loro responsabilità umane e cristiane, glorificano il Creatore e tendono alla perfezione cristiana*» (*GS* 50).

Che vuol dire allora sesso uguale peccato? Perché è peccato?

Se di fatto la sessualità vissuta nell'amore è una cosa meravigliosa, sacra. Allora quale è la verità? Come trovare un giusto equilibrio?

Come sempre nella parola di Dio, possiamo trovare risposte illuminanti.

Cosa ci rivela la Sacra Scrittura rispetto a questo aspetto della nostra vita così delicato?

«Non sapete che il vostro corpo è tempio dello Spirito Santo che è in voi e che avete da Dio, e che non appartenete a voi stessi? Infatti siete stati comprati a caro prezzo. Glorificate dunque Dio nel vostro corpo!» (1 Cor *6, 19-20).*

Questa è una luce importante: il nostro corpo nel disegno di Dio è tempio dello Spirito Santo!

Il tuo corpo è sacro, quindi devi trattarlo con grande rispetto. Lo stesso rispetto di conseguenza lo devi avere nei confronti di ogni persona. Questo cambia necessariamente la prospettiva con cui ti relazioni agli altri. Non puoi più guardare all'altro come a un bel "giocattolo" da usare per divertirti, per procurati la tua "dose" di piacere, come alla "bambolina", o al trofeo da esibire come conquista.

Se è vero che il corpo di ogni persona nel disegno di Dio è tempio dello Spirito Santo, allora devo avere un sacro rispetto del suo corpo, del suo cuore, della sua anima, dei suoi sentimenti, delle sue emozioni e di tutto ciò che lui è. Se non lo rispetto, se uso il corpo dell'altro con l'unico obiettivo di soddisfare il mio bisogno di piacere sto profanando il tempio dello Spirito Santo!

Creati per amare

«Dio creò l'uomo a sua immagine; a immagine di Dio lo creò; maschio e femmina li creò. Dio li benedisse e disse loro: "Siate fecondi e moltiplicatevi, riempite la terra"» (Gen *1, 26 e ss.).*

È bello sapere che siamo creati a immagine e somiglianza di un Dio che è Amore e che questa scintilla divina impressa in noi risplende proprio nella relazione di amore pieno tra l'uomo e la donna. Un amore capace di generare vita!

Siamo creati da un Dio che è Amore per vivere nella pienezza dell'amore. Solo nella misura in cui viviamo relazioni di amore vero, che ci fa sentire in piena comunione con qualcuno, possiamo sentirci davvero realizzati.

Nel momento in cui l'uomo e la donna realizzano questo disegno di Dio di essere a sua immagine e somiglianza, *e lo esprimono proprio nell'amarsi reciprocamente*, questo amore è talmente sacro che ci rende compartecipi della vita stessa del Creatore: *l'Amore genera nuova vita. «Siate fecondi e moltiplicatevi.»*

La sessualità quando viene disgiunta dall'amore arriva a... generare "morte"

«L'uomo abbandonerà suo padre e sua madre e si unirà a sua moglie e i due saranno una sola carne» (Gen *2, 24).*

Questa è una verità su cui meditiamo troppo poco. I due diventeranno una sola carne! Non è un particolare di cui possiamo non tenere conto!

Non è che se fai l'amore con qualcuno tutto può ridursi a: «Quanto è stato piacevole, appagante! Wow! Ci sai proprio fare! Mi fai impazzire!».

Non si tratta semplicemente di appagare il nostro istinto sessuale. Questo lo fanno anche gli animali! Ma cosa ci differenzia da loro? Il fatto che per noi l'espressione sessuale è anche la più alta espressione dell'amore che proviamo per qualcuno e non è semplicemente un tipo di contatto fisico particolarmente piacevole... si diventa *una sola carne*! Non è solo un'espressione fisica e istintiva, un incontro di corpi ma è anche una comunione di cuori, di anime e di spirito.

Perché noi non possiamo decidere di disgiungere a nostro piacimento il corpo, dall'anima, dal cuore, dallo spirito. Tutto di noi partecipa all'atto sessuale e... *i due diventano uno*!

Se arrivo a esprimere il mio amore per te fino al punto di diventare una sola carne con te, non posso illudermi di aver semplicemente giocato, devo crescere nella consapevolezza che i nostri corpi non sono affatto dei giocattoli con cui divertirci senza prenderci la responsabilità delle possibili conseguenze nel cuore, nella psiche, nello spirito della persona che diciamo di amare e in noi per primi.

Tutto mi è lecito, ma non tutto giova

La sessualità è un meraviglioso linguaggio che ci è stato donato per esprimere la profondità dell'amore che proviamo per la persona di cui ci siamo innamorati. Questo tipo di espressione di amore non solo ci rende una sola carne ma può generare nuova vita.

Se è vero che siamo diventati una sola carne e un solo cuore, nel momento che ti "uso e ti getto", la ferita che rischio di lasciare nel tuo cuore può diventare davvero molto più profonda di quanto posso immaginare.

Magari starai pensando: "Ma dai! Che stai dicendo? Io vado con una donna diversa ogni giorno/settimana/mese e non mi sento affatto ferito. Per me ogni volta è come fare un giro divertente in moto!".

Certo, se da tempo ormai vivi la tua sessualità, in maniera disordinata, disgiunta dall'amore, dal tuo cuore, e magari senza neanche rendertene conto sei diventato anche tu un sessodipendente, è molto probabile che tu abbia messo la tua bella corazza nel cuore e riesca a non farti più ferire e ti illudi che anche tu non stai ferendo nessuno perché entrambi vi state solo divertendo.

Se a un certo punto hai indossato la tua bella armatura di acciaio, il tuo bell'elmetto da guerra e magari lo ha fatto anche lei già da tempo, per un po' potrebbe andare tutto liscio, senza "morti" o feriti! Protezione sul corpo, corazza sul cuore, nello spirito, magari un po' di sballo (alcol, droghe...) e sei tranquillo che non ci siano conseguenze dolorose né per te né per lei. Ma la realtà è che non siamo delle macchine, degli automi, non sempre possiamo decidere di comandare al cuore e... proprio quando meno te l'aspetti, può succedere che lei/lui abbassa le difese e inizia ad amarti sul serio. Poco alla volta inizia a credere che anche tu la/lo ami perché invece di dirle che lei/lui è la tua splendida "dose di sesso" di cui non puoi fare a meno, le/gli stai dicendo con il tuo corpo: «Ti amo con tutto/a me stesso!».

Se uno dei due abbassa la corazza cosa succede? Forse hai la risposta perché magari ti sei trovato già da entrambe le parti. Certo è che sono davvero pochissime le persone che ho conosciuto (e sono migliaia) che non abbiano provato la dolorosissima ferita di essersi innamorati, di avere aperto il cuore in profondità a qualcuno per sentirsi poi traditi, usati, feriti mortalmente.

Allora è davvero importante che capiamo bene quello che san Paolo (quindi per chi è cristiano si tratta sempre di *Parola di Dio*) ci rivela: «*Tutto mi è lecito, ma non tutto giova*» (*1 Cor* 6, 12).

Questa parola è una bussola importante di riferimento anche sul come vivere la nostra sessualità: tutto mi è lecito! Finché vivo la mia sessualità nell'amore, con amore, per amore, saprò riconoscere la sacralità e l'alta dignità del mio corpo e del corpo delle persone che dico di amare. Saprò anche rispettare le fasi che l'amore esige per consolidarsi, maturare fino al punto di arrivare alla decisione di volere essere "una sola carne", con la persona amata, con un amore maturo e solido che ci renda pronti ad accogliere l'immenso dono dei figli che la nostra piena comunione spirituale e fisica potrà generare. Prenderò consapevolezza che non posso permettermi di non rispettare il corpo (tempio dello Spirito Santo), il cuore degli altri, la vita. Non posso mettere al mondo un figlio senza garantirgli i suoi diritti fondamentali, il diritto a vivere e crescere con il nutrimento essenziale per ogni bambino: l'amore maturo e duraturo tra coloro che lo hanno generato.

La trappola della sesso-dipendenza

Quali sono i passaggi che con tanta facilità ci portano a non vivere più la nostra sessualità come linguaggio per esprimere la profondità dell'amore che proviamo verso la persona di cui ci siamo profondamente innamorati, un amore capace di generare e accogliere una nuova vita, ma ci portano a considerare i nostri corpi come "oggetti" di piacere e a vivere la nostra genitalità molto più in balìa dell'istinto sessuale, delle passioni, pulsioni, emozioni del momento, che come strumento per esprimere un amore vero e maturo?

La sesso-dipendenza ci rende "macchine da guerra" capaci di calpestare, ferire i sentimenti delle persone che diciamo di amare, "spezzare" il loro cuore. Persone che più o meno consapevolmente "usano e gettano" i loro numerosi amanti/trofei e a loro volta vengono usati, feriti, traditi, abbandonati... "gettati via". Ma non ci si arriva subito!

Il primo passaggio è quello del cosiddetto disordine sessuale. Questo disordine ormai inizia sempre prima, spesso a causa del bombardamento della pornografia che con internet è a portata di tutti e tende a colpire i ragazzi fin dalla tenerissima età.

Tutto parte dalla curiosità. Spesso sono gli amici a mostrare qualche immagine "forte", a volte ci si incappa casualmente navigando su internet. Il primo impatto in molti casi è un po' traumatico, ma poi la curiosità vince e soprattutto i maschi iniziano a cercare nuove immagini che possano favorire l'autoerotismo. Si passa molto velocemente da quella che era un'auto-esplorazione della propria genitalità, per meglio comprendere il tipo di piacere che ne poteva scaturire, a una ricerca sempre più compulsiva di tutto ciò che sia eccitante. Si cade così nel vizio della masturbazione che, se legata alla pornografia, diventa una trappola di dipendenza sempre più compulsiva e inizia a inquinare i pensieri, la mente, le modalità di rapportarsi a se stessi e agli altri. Si cercano nuove immagini, si cerca nuovo piacere fino a che non è più sufficiente l'autoerotismo. Si vogliono provare nuove emozioni, un nuovo tipo di piacere, si vuole fare esperienza di ciò che ha iniziato ad avvelenare mente e cuore. Nella pornografia resta ben poco della magia legata alla sessualità come linguaggio di amore. La sessualità viene degradata a un'espressione, spesso depravata, dei propri istinti. Ciò che conta non è certo la persona a cui si vuole esprimere il proprio amore ma la quantità di piacere che si riesce a raggiungere. Ed è proprio come per la droga. Più cerchi quel tipo di piacere più ne vuoi sempre di più. Diventa un pensiero fisso. Diventi dipendente. Devi cercare nuove immagini pornografiche, devi trovare qualcuno con cui fare sesso. Non riesci più a farne a meno. Senza neanche accorgertene ti stai trasformando in un "drogato" di sesso. sempre più incapace di gustare la magia di una sessualità vissuta come linguaggio di amore e non ridotta a una squallida strumentalizzazione della propria genitalità, del proprio corpo e del corpo degli altri.

Quando si inizia a scindere *la sessualità* da quello che è il disegno di Dio e al centro non c'è più l'amore ma la qualità e quantità di piacere da raggiungere a tutti i costi, si rischia di ferire in profondità i "complici" dei propri giochi e di essere feriti proprio nel momento in cui il cuore ha bisogno di sperimentare la bellezza e la magia di una relazione di coppia che sia di vero amore.

La *pornografia* è devastante perché imprime nella mente immagini di una sessualità che è proprio l'opposto di ciò per cui ci è stata donata: è la mercificazione del corpo, il non rispetto della dignità dell'altro. Si arriva a defraudare la sessualità della propria bellezza, sacralità, per ridurla unicamente a qualcosa di istintivo, talvolta "animalesco" e violento.

Ma se è vero che ciò che ci distingue dalle altre creature è proprio lo spirito che ci permette di amare, di non vivere in balìa dei nostri istinti, non possiamo ridurci a vivere la sessualità unicamente come libera espressione e sfogo delle nostre pulsioni, senza preoccuparci minimamente delle conseguenze che ciò che facciamo potrà avere nel corpo, nel cuore, nell'anima, nello spirito delle persone con cui decidiamo di instaurare sempre nuove relazioni sessuali.

L'uso compulsivo della pornografia d'altra parte continua ad avvelenare la mente e il cuore rendendoti sempre più incapace di vivere una vera relazione di amore proprio nella fase della tua vita in cui ne hai più bisogno e hai il diritto di assaporare tutta la magia di una relazione di affetto e di intimità profonda con la persona che non solo ti piace ma di cui ti senti innamorato.

Se cadi nella spirale della pornografia di fatto resti vittima dell'aspetto sempre più compulsivo della libido. Hai bisogno della tua "dose di piacere" e prima ti accontenti di procurartela da solo, poi ti trasformi in un bravo/a *serial killer* che deve trovare la vittima da colpire.

Quando incontri qualcuno non sei più capace di pensare: «Che bella persona, com'è intelligente, interessante, guarda che belle caratteristiche che ha, come è simpatica, com'è dolce!».

No! Inizi piuttosto a fargli la radiografia, ma non certo per scoprire la sua bellezza interiore, sei immediatamente proiettato in altre "zone geografiche", diverse dall'anima e dal cuore. Se sono abbastanza interessanti può essere sufficiente per iniziare subito a mettere in atto tutte le possibili strategie di seduzione per potere riuscire a conquistare e colpire. Scatta la complicità, l'attrazione fisica diventa reciproca e il gioco è fatto! La dose giornaliera è raggiunta! Tanto anche lei/lui è d'accordo: giochiamo!

Tu giochi, lei gioca, insieme appassionatamente! Finché siete entrambi intrappolati nella sesso-dipendenza, il vostro rapporto di sesso e passione continua ma prima o poi ci sarà qualcosa che tenderà a fare cortocircuito. Perché nel cuore è comunque profondamente impressa la necessità di instaurare relazioni sessuali che ci diano la possibilità di sentirci profondamente amati e non principalmente usati per il raggiungimento del piacere dell'altro.

Ferite mortali

Nel tuo cuore, per quanto tenti di sopprimerla, resta sempre il bisogno o l'illusione che il tuo partner stia davvero esprimendo il suo amore per te. Quando però ti permetti di ammettere che invece a lui/lei di te non importa un granché, che ti sta solo usando, perché sei per lo più la sua possibilità di raggiungere una nuova "dose di piacere" di cui non può fare a meno, se fino a un certo punto poteva essere divertente, piacevole, può arrivare un momento in cui diventa molto doloroso. Scopri che hai delle esigenze profonde e irrinunciabili di sentirti amato/a che non puoi continuare a reprimere, ti accorgi che delle relazioni così non ti bastano più, feriscono la tua dignità di uomo/donna!

Quando poi inizia a crescere la consapevolezza che la persona, con cui hai iniziato per gioco ma di cui con il passare del tempo ti sei innamorata/o, non ti sta affatto esprimendo con il suo corpo quanto profondamente ti ama ma ti sta semplicemente continuando a usare, avviene qualcosa nella profondità del tuo cuore. Per quanto ti eri convinto/a di essere ormai completamente corazzato, inizi a sentirti ferito, frustrato nel tuo bisogno più profondo. Inizi a desiderare di sentirti davvero dire tramite quel bacio, quelle carezze, quell'abbraccio, un vero: «io ti amo!», che trovi poi una corrispondente congruenza nei gesti fisici, nel rapporto sessuale e nei comportamenti di ogni giorno. Ma scopri che più ti illudi che possa diventare davvero così, più hai la sensazione di schiantarti contro un muro. Dice di amarti ma in realtà la vostra relazione si è ridotta per lo più a un fatto fisico. Continua a mancare quel qualcosa di meraviglioso, di sacro, di cui tu senti un disperato bisogno: sentirti profondamente amato/a.

Anche la relazione fisica, soprattutto per la donna, diventa sempre meno appagante e più dolorosa perché l'ansia da prestazione e la passione nel consumare velocemente il rapporto non consente di rispettare i tempi e i "preliminari" di cui la donna necessita.

Il corpo femminile in pratica è proprio "programmato" in maniera tale da volere "sentire" che la vita che potrebbe nascere da quel rapporto sessuale sarà accolta da una relazione di amore. Ha fisicamente bisogno di tenerezza, di carezze, di sguardi pieni di amore per potere vivere una relazione sessuale appagante. Quando non è così il rapporto diventa sempre più frustrante e per quanto si caschi in trappole di co-dipendenza il più delle volte qualcosa si spezza.

Con il passare del tempo non ci si accontenta più del solito rapporto di sesso istintivo. Cresce il bisogno di sentirsi davvero amati, dei cosiddetti preliminari che non possono essere finti, devono diventare veri. Il solo fatto fisico, il raggiungimento del piacere, non è più sufficiente, si vuole qualcosa di più! Il bisogno dell'amore diventa sempre più dirompente fino a che non si può più sopportare la frustrazione della mancanza di ciò che invece si scopre essere una vera necessità vitale del cuore.

A volte poi succede che quando uno dei due abbassa la corazza in cerca di amore e non ti mette più in mano solo il suo corpo ma anche il suo cuore, scopre non solo di essere stato usato, ma anche di essere tradito. Si tratta di un altro colpo davvero mortale! Il cuore inizia a sanguinare senza sosta e sembra non esserci niente capace di dare un po' di sollievo a quel dolore lancinante.

Sono ormai più di trent'anni che dedico ogni attimo della mia vita a raccogliere il grido di tante persone che soffrono e spesso sono disperate, e devo dire che il dolore di chi si innamora profondamente, ma poi scopre di essere solo stato usato e vive l'esperienza del tradimento della persona che ha amato con tutto se stesso, è davvero indicibile. Se poi questo colpo arriva proprio dalla persona con cui hai deciso di costruire una famiglia, mettere al mondo dei figli, il colpo è decisamente devastante.

Forse penserai che in queste pagine sono stata troppo dura e diretta, magari che ho esagerato.

Ho avuto la grazia di non avere vissuto in prima persona nessuna di queste ferite e di non essere caduta neanche di striscio nella subdola trappola della sesso-dipendenza. Sono stata sempre molto attenta nel custodirmi in tutti i modi, nonostante su questo fronte il mondo sia diventato costantemente aggressivo. Per mia grandissima fortuna le relazioni affettive che ho avuto sono state davvero stupende e vissute in un grande rispetto reciproco, purezza e profondo amore. Devo dire però che le ferite più dolorose che mi sono state "consegnate" in questi anni, da tanti che sono diventati per me fratelli, sorelle, figli, riguardano proprio la sfera dell'affettività e della sessualità. È talmente terribile il dolore che ho raccolto che è come se le ferite, le storie, le lacrime che mi sono state consegnate da persone che oggi considero parte della mia grande famiglia di Nuovi Orizzonti fossero diventate mie.

Mie le loro ferite, mio il loro grido, mie le tante lance che hanno colpito così in profondità il loro cuore. Ho davvero la sensazione che è così tanta e straziante la sofferenza che ho visto in troppi, che è come se l'avessi vissuta sulla mia pelle, in prima persona... è diventata parte di me, è presente nella profondità della mia anima e tutto in me si ribella!

Il perverso mercato del sesso

Dinanzi al numero sempre crescente di vittime innocenti del mercato perverso del sesso, che continua a "sfornare" sempre nuovi sesso-dipendenti che da vittime si trasformano in carnefici, sento di dovere dare voce a chi non ha più voce per gridare, lacrime per piangere! Non posso fare a meno di denunciare questa trappola perversa di cui i più sembrano non essere affatto consapevoli e altri appaiono passivamente rassegnati: «Ormai le cose vanno così, così è il mondo!». Ma sono davvero troppi coloro che continuano a ricevere ferite mortali per poi trovarsi a loro volta a ferire mortalmente qualcun altro, il più delle volte senza averne alcuna consapevolezza.

In questi anni ho provato un doloroso senso di impotenza dinanzi a questo meccanismo perverso ma ho constato che anche in questo caso, come per tutte le altre trappole che stiamo cercando di individuare, il primo passo importante per liberarsene è riconoscerle. Più si cresce nella consapevolezza delle conseguenze devastanti che una trappola può causare nella propria vita più si potrà e si desidererà, fare la fatica necessaria per liberarsi dal tipo di ingranaggio in cui si è rimasti imprigionati e si potrà diventare un prezioso aiuto per evitare che tanti altri vi cadano o per aiutarli a uscirne.

Un cuore di pietra

Per individuare alcune caratteristiche di questo tipo di trappola abbiamo cercato ancora una volta di partire da qualche luce importante che viene dalla Parola di Dio.

Abbiamo così scoperto che nel disegno di Dio la sessualità è un meraviglioso strumento che ci è stato donato per:

– *Amare.* Linguaggio privilegiato per esprimere in profondità il nostro amore alla persona di cui ci siamo innamorati.
– *Essere in profonda comunione.* Crescere nella donazione reciproca e nella comunione di amore fino al punto di diventare una sola carne, un solo, cuore, una sola anima.
– *Rendere felice la persona amata e generare e accogliere nuova vita.* Maturare in quella pienezza di amore che porta a desiderare di vivere sempre insieme, generare e accogliere nuova vita, garantendo ai figli che il Cielo vorrà donare quel nutrimento di cui hanno vitale bisogno: l'amore dei loro genitori tra loro e per i figli che il loro amore genera.

Abbiamo però anche visto come il disgiungere la propria sessualità dall'amore porti a diversi possibili livelli di sessodipendenza i cui frutti sono esattamente opposti:

– *Incapacità di donare e ricevere amore.*
– *Solitudine.*
– *Ferite mortali.*

Si inizia come abbiamo visto con l'autoerotismo e la pornografia per riscoprirsi poi a cercare sempre più compulsivamente la propria dose di piacere. Questo porta a una crescente incapacità di vivere le relazioni affettive mettendo al centro l'amore e il rispetto per l'altro. Quando poi però ci si innamora e si decide di aprire il proprio cuore, il rischio di fare l'esperienza di sentirsi usati, feriti, cresce. Tanto più cresce la dipendenza dal sesso e quanto più profonde sono le ferite subite, tanto più il cuore si difende, costruisce la propria corazza per non essere più colpito. Si inizia a tradire e a essere traditi e il cuore si indurisce sempre più. Si perde così la propria capacità di donare e ricevere amore e si arriva a perdere proprio le persone più importanti. Il senso di solitudine, per quanto si tenti di anestetizzarlo con nuove dosi di sesso, continua a scavare una profonda voragine. Più si resta imbrigliati nella trappola della sesso-dipendenza, più ci si scopre incapaci di amare e di ricevere amore, profondamente soli.

Frutti di solitudine e morte

Il dono sacro della sessualità che doveva essere un meraviglioso strumento per vivere la magia dell'Amore, della comunione, il miracolo del potere generare nuova vita, portano invece così a un indurimento del cuore, un crescente senso di solitudine, ferite sempre più profonde e mortali.

Ci si sente "morti" dentro perché senza l'amore non si può vivere.

Si passa quindi con estrema facilità dalla sessualità disordinata, all'autoerotismo compulsivo, dipendenza dai siti porno, che inquinano la mente, fino alla vera e propria sesso-dipendenza che rende incapaci di usare la sessualità come espressione di amore perché si è diventati dipendenti dalla "dose del piacere" sessuale che "bisogna" procurarsi a ogni costo. Si iniziano a trovare tante altre persone con cui "giocare" e per un po' sembra che vada bene così. Appena però qualcuno abbassa la guardia e decide di mettere in gioco il cuore per amare davvero ecco il più delle volte una nuova ferita profonda!

Oggi poi ci sono tante persone che hanno ricevuto abusi nella sessualità e dopo diverse nuove ferite subite finiscono inconsciamente nella "*trappola della mantide religiosa*": «Ti seduco e poi ti colpisco a morte!... Qualcuno deve pur pagare per il male che mi è stato fatto!».

La vittima diventa carnefice e il circolo vizioso si allarga. Aumenta il numero di persone che mettono uno scudo sul cuore per non farsi colpire e ritengono normale tradire il proprio partner, ma più si fortifica la corazza per non ricevere nuove ferite, meno diventa possibile donare amore a qualcuno e lasciarsi raggiungere dall'amore di chi ci ama davvero. La spirale di solitudine e morte cresce.

Abbiamo accennato ai dati inquietanti della pedofilia e spesso si pensa che la quantità di minori abusati cresca a causa di alcuni "mostri" che hanno una malattia allucinante. Eppure basta fare un viaggio in aereo a Fortaleza (ci sono andata più di una volta perché lì e a Quixada, a un'ora di distanza, abbiamo due *Cittadelle Cielo*) ed è davvero sconcertante sentire i discorsi di alcuni dei viaggiatori. Si vantano dei loro molteplici rapporti sessuali con ragazze che lì sembrano essere più che disponibili... peccato che nessuno sottolinea che il più delle volte si tratta di minorenni costrette da squallidi mercenari senza scrupoli che continuano ad arricchirsi sulla "morte" di troppe vittime innocenti. E vieni a scoprire che ciò che alimenta questo drammatico "mercato di carne umana" è proprio la "domanda" di personaggi che fanno una vita apparentemente normale: stimati professionisti, “bravi” padri di famiglia, persone considerate per bene... ma di fatto capaci di alimentare il mercato della prostituzione-schiavitù (che come ogni “mercato segue la legge della domanda e dell’offerta) fino a fare delle vacanze alternative, ben camuffate come viaggi di lavoro, in cui arrivano, all’insaputa di moglie e figli, ad approfittare di minorenni per lo più in situazioni drammatiche! Davvero incredibile e allucinante! Ho ascoltato troppe confidenze di minori che sono stati ridotti a “schiavi” del girone infernale della prostituzione – schiavitù e le violenze a cui molti di loro vengono sottoposti vanno al di là di ogni immaginazione. Solo a ripensare alle tante storie che ho ascoltato il mio cuore sanguina e faccio davvero fatica a credere che degli esseri umani possano diventare capaci di tali abomini di cui non sarebbe capace il più spietato degli animali. Sono pronti a vendersi l’anima e a uccidere vittime innocenti per “pochi denari”!

Frutti di morte! Il dilagare della pedofilia, degli abusi di ogni tipo, degli stupri, della prostituzione – schiavitù, del genocidio frutto del numero crescente di aborti... 56 milioni di aborti all’anno contro i 45 milioni di morti durante il conflitto peggiore che la storia dell’umanità abbia mai conosciuto: la Seconda guerra mondiale.

La sessualità, donataci per generare nuova vita, disgiunta dall’amore diventa paradossalmente una forma di dipendenza che va ad alimentare gironi infernali di morte!

Dalla dipendenza alla libertà dell’amore

Liberarsi dalla sesso-dipendenza è davvero difficile e molto impegnativo. Sono anni che nella comunità Nuovi Orizzonti accompagno giovani nel difficile percorso di liberazione dalle più varie dipendenze: dipendenza dalle droghe, dall'alcol, dal cibo, dal gioco, da internet, da benzodiazepine, dal fumo, da rapporti co-dipendenti devastanti, dalla paura dei giudizi, di non essere all'altezza, da dipendenze affettive pericolose... ma ho constato che per tutti liberarsi dalla sesso-dipendenza è una delle cose più difficili e impegnative in assoluto, soprattutto quando si è diventati dipendenti dalla pornografia troppo presto. Il sesso-dipendente in un primo momento lotta e si rifiuta in ogni modo di prendere consapevolezza di tutto il male che ha ricevuto e che ha procurato a tantissime persone a causa della propria dipendenza. Fa molta fatica a riconoscere la propria dipendenza, perché continua a ripetersi che è qualcosa che sceglie di fare perché gli piace.

Il più delle volte infatti rimuove il dolore per le ferite ricevute perché troppo dolorose e non è affatto consapevole di quante persone ha ferito in profondità perché è ancora troppo incentrato su di sé per accorgersi della sofferenza degli altri. Spesso il primo passo per diventare consapevole di questo meccanismo perverso in cui è rimasto inconsciamente intrappolato diventa la ferita di un tradimento subito da una delle tante persone con cui ha iniziato una relazione per gioco e di cui poi si è innamorato davvero. Quando il sesso-dipendente prova sulla propria carne quel tipo di dolore fa di tutto per anestetizzarlo ma a volte è più difficile del previsto. Ogni volta che pensa di averlo superato, quel dolore, trova un modo per riaffiorare. È allora che talvolta si decide a chiedere aiuto a qualcuno di cui possa davvero fidarsi, perché quel dolore diventa insopportabile e non riesce più a nasconderlo a se stesso né tanto meno a sopportarlo... basti pensare a quante persone arrivano a compiere gesti estremi come un suicidio o un omicidio per il dolore del tradimento.

La persona sesso-dipendente per riuscire a liberarsi dalla sua dipendenza deve arrivare ad acquisire una profonda consapevolezza di tutto il male che questa genera nella sua vita e nella vita delle persone che lo amano e del cui amore ha un assoluto bisogno. Ma la consapevolezza non è sufficiente come non lo è per nessun tipo di dipendenza. È necessario avere l'umiltà di farsi aiutare da qualcuno competente e ci vuole tempo e impegno. Bisogna innanzitutto ripulire la mente dai troppi "film a luci rosse che la inquinano", custodendo con grande impegno lo sguardo, il cuore, il corpo, evitando in tutti i modi ogni tipo di occasione che riporti a un uso disordinato della propria genitalità. Come in ogni tipo di dipendenza è necessario fuggire lontano, velocemente e sempre da ogni tipo di occasione che possa indurre a ricercare la "dose" del piacere di cui si è diventati dipendenti.

In questo caso bisogna bloccare la possibilità di accedere a immagini pornografiche, allontanarsi da amici con la stessa dipendenza, trovare attività significative in cui essere molto impegnati, fare tanto sport, imparare a pregare e meditare per rafforzare la propria volontà con la forza dello spirito (per chi ha fede dello Spirito Santo), instaurare nuove relazioni appaganti basate sul rispetto reciproco e l'amore vero. Ogni volta che torna alla mente qualche immagine che subito diventa di stimolo al desiderio compulsivo bisogna immediatamente impegnarsi a fare qualcos'altro, possibilmente di significativo. Rafforzare la forza di volontà e scaricare la tensione praticando lo sport tutti i giorni può essere di grande aiuto.

È altrettanto importante poi che la persona che ha un problema di sesso-dipendenza faccia un percorso di guarigione delle ferite del proprio cuore, per poi essere in grado di chiedere perdono a tutte le persone che ha ferito in profondità, il più delle volte senza averne piena consapevolezza.

È proprio il contatto con il suo dolore e con il dolore che ha causato a tanti che costituirà una valida motivazione per tornare a essere una persona libera, capace di vivere la propria sessualità come linguaggio di amore, strumento di comunione che genera frutti meravigliosi di pienezza e di vita.

Solo con la guarigione delle ferite del cuore (vedi prossimi capitoli) sarà possibile spezzare le proprie catene, liberarsi dalla propria corazza e riaprire il cuore alla meraviglia di relazioni basate sull'amore vero e non più sulla passione e la dipendenza da rapporti usa e getta. Si può allora finalmente tornare ad essere liberi di amare, senza più la paura di aprire il cuore per lasciarsi amare. Solo allora una nuova gioia pervaderà la nostra anima in profondità.

Scheda esercizi

Domande di approfondimento (rispondi per iscritto)

- Come vivo la mia sessualità?
- Quali sono i frutti che raccolgo? Frutti di amore, comunione, vita? O frutti di chiusura del cuore, solitudine, "morte"?
- Guardo siti o immagini, video porno? Cosa posso fare per liberarmi da questa dipendenza che inquina la mente e il cuore?
- Considero il mio corpo e il corpo delle persone con cui mi relaziono con grande rispetto, come tempio dello Spirito Santo, o tendo a vederlo e usarlo come oggetto per raggiungere la mia "dose" di piacere?
- Nella relazione con il mio partner prevale il desiderio di esprimere il mio amore o la ricerca del piacere e della gratificazione personale?

• Faccio l'esperienza che quando esprimo fisicamente il mio amore alla persona che amo cresce la comunione con lui/lei?

• Nelle relazioni sessuali con la mia "dolce metà" faccio l'esperienza di sentirmi amato e rispettato? Si riduce tutto al solo piacere fisico o sento anche una pienezza nell'anima e nel cuore?

• Quali sono le principali ferite che ho subito relative all'affettività e alla sessualità?

• Quali le ferite che ho causato in altri? Come e perché?

• Tendo a tradire anche solo con il pensiero la persona che amo?

• C'è qualcosa che è bene che io faccia per mettere più ordine nella mia sfera affettiva e sessuale per poterla vivere sempre più nella pienezza del disegno di amore di Dio?

• Impegni concreti.

Parola di luce. Esperienza risanatrice

«Non sapete che il vostro corpo è tempio dello Spirito Santo che è in voi e che avete da Dio? Quindi non appartenete a voi stessi. Poiché siete stati comprati a caro prezzo. Glorificate dunque Dio nel vostro corpo!» (1 Cor *6, 19-20).*

«Dio creò l'uomo a sua immagine; a immagine di Dio lo creò; maschio e femmina li creò. Dio li benedisse e disse loro: Siate fecondi e moltiplicatevi» (Gn *1, 27-28).*

«L'uomo lascerà suo padre e sua madre e si unirà a sua moglie e i due saranno un'unica carne» (Gn *2, 24).*

«Tutto mi è lecito, ma non tutto giova» (1 Cor *6, 12).*

Passaggi fondamentali

- Dalla dipendenza alla libertà e pienezza dell'Amore.
- Dalla ricerca del piacere alla riscoperta della dignità e sacralità della sessualità.
- Dalla solitudine alla comunione.
- Dalle ferite che induriscono il cuore all'amore che genera vita.

7
GUARIRE IL CUORE
Oltre la solitudine

La solitudine: caratteristica dell'uomo contemporaneo

Se c'è un paradosso che caratterizza la società contemporanea è che proprio nell'epoca della comunicazione la maggior parte delle persone sperimentano una profonda solitudine.

La maggior parte dei giovani oggi, pur avendo magari mille "amici" su Facebook, sperimentano una *profonda solitudine*, un senso di inadeguatezza che li porta a cercare conferme sui social pubblicando selfie e post di ogni genere, nella speranza di ricevere un po' di "like" e nuovi "amici" sui social. *Secondo uno studio recente dell'OCSE il 23% dei quindicenni trascorre più di sei ore sul web*[1]. Attraverso internet comunicano con tantissime persone eppure è una comunicazione virtuale che spesso si rivela essere una "non comunicazione" perché quando parli con i ragazzi a cuore aperto molti ammettono di avere tanti amici sui social, di trascorrere molto tempo a chattare con i vari gruppi costituiti in WhatsApp, di essere "dipendenti" dai loro cellulari, ma in realtà la maggior parte di loro riconoscono di non avere vere amicizie e che si sentono soli. Comunicano

[1] Programme for international student assessment (PISA) results from PISA 2015 students'well-being.

per lo più tramite internet, messaggini vari ma quando si incontrano per trascorrere una serata insieme vanno spesso in discoteca, dove il livello altissimo della musica non aiuta certo il dialogo. Anche quando si trascorre del tempo insieme la comunicazione rimane per lo più molto superficiale e per la maggior parte dei giovani risulta davvero difficile costruire relazioni vere e significative sia di amicizia che di amore.

Società della comunicazione o della non relazione?

La solitudine è diventata così una caratteristica di molti giovani e più in generale dell'uomo contemporaneo. Nella così detta società della comunicazione siamo continuamente "bombardati" da mille informazioni, messaggi, "like" su Facebook, cuoricini su Instagram, su Twitter... ma siamo sempre più impegnati a comunicare nel mondo "virtuale" e sempre meno capaci di dialogare con le persone con cui viviamo per costruire relazioni reali, solide.

Sono comunque tante le cause che concorrono al diffondersi di questa dolorosa sensazione di solitudine in molti. Se da una parte la comunicazione virtuale si sta sostituendo alle relazioni "reali", anche il veleno del consumismo, dell'edonismo, del narcisismo giocano un ruolo importante. Sono veleni di cui tutti ci nutriamo ogni giorno proprio tramite i media e i new media e che ci condizionano in profondità. Il bisogno crescente di apparire, di successo, di sentirsi il centro del mondo, inquinano sempre più subdolamente le nostre relazioni e come ho sottolineato più volte, anche quando si decide di aprire il cuore a qualcuno si fa spesso l'esperienza di sentirsi "usati e gettati", traditi: «Oggi ti voglio bene, ti amo da morire (perché mi fa comodo stare con te!), domani non mi servi più e senza pensarci troppo ti "getto via", come fossi l'ultimo giubbottino che non è più di moda. Ho deciso di sostituirti con qualcun altro che mi piace di più». È un'esperienza dolorosa e drammatica ma sempre più diffusa, "normale". Questo tipo di non relazioni, che troppo spesso ci fanno sentire colpiti nella parte più vulnerabile di noi, ci portano a decidere di chiudere il cuore. Troppe ferite, tradimenti, abbandoni, rapporti superficiali e vuoti, giudizi che arrivano come pugnalate alle spalle – la società del gossip, le critiche, le calunnie, feriscono molto in profondità – bisogna trovare un modo per difendersi.

Potremmo soffermarci a lungo sulle cause del profondo senso di solitudine che sempre più caratterizza l'uomo/donna contemporaneo/a, ma senza dubbio le tante ferite che continuamente riceviamo in questa società inquinata da una spasmodica ricerca del successo, del potere, della ricchezza, del piacere a qualunque costo, giocano un ruolo fondamentale nel portarci a chiudere il cuore per proteggerlo e... a sentirci sempre più soli.

Il bisogno fondamentale della nostra vita: amare ed essere amati

Sono assolutamente convinta che il bisogno fondamentale di ogni uomo sia l'amore. Tutti sentiamo il bisogno di sentirci amati per ciò che siamo e di donare amore. Senza l'amore tutto perde colore, calore, significato. Fin da quando nasciamo chiediamo amore in tutti i modi perché ne abbiamo bisogno per vivere.

Ci sono molti studi che hanno documentato che le conseguenze della mancanza di affetto sulla salute fisica e psichica di un bambino possono essere anche peggiori della denutrizione. Il nostro cuore ha un bisogno ancestrale di "nutrirsi" di amore. Ogni volta che veniamo privati di questo nutrimento per noi vitale proviamo una profonda sofferenza e il malessere fisico, psichico, spirituale, cresce. Tutti abbiamo bisogno di donare e di ricevere amore ma nessuno ci insegna l'arte di amare e i "veleni" di cui ogni giorno ci nutriamo ci rendono sempre più ego-centrati, pronti a scavalcare tutti e tutto pur di raggiungere i miraggi di felicità che insistentemente ci seducono: «Devi affermarti, divertirti, avere tante ragazze, diventare ricco, potente, famoso...! Allora finalmente sarai qualcuno, gli altri ti stimeranno... sarai felice!».

E nel frattempo diventiamo sempre più narcisisti, con un ego ipertrofico, incapaci di vivere l'amore vero, l'unico nutrimento di cui abbiamo davvero bisogno per sentirci pienamente realizzati e felici. D'altra parte anche i ritmi di lavoro sono tali che i genitori, con tutta la buona volontà, sono sempre più impossibilitati a dedicare del tempo di qualità ai loro figli che si ritrovano a trascorrere troppe ore in balìa dei tanti veleni propinati tramite i media e i new-media da mercanti senza scrupoli.

In questa corsa verso il successo, inseguendo più l'essere che l'apparire, si fa sempre più spesso l'esperienza di sentirsi feriti e si cerca di camuffare il dolore del cuore dietro alle tante maschere che con arte abbiamo imparato a indossare per sentirci accettati. Oppure si ricorre alle prime proposte, sempre a disposizione, che ci consentano di "anestetizzare", almeno momentaneamente, il dolore interiore: alcol, sesso, droghe, alimentazione disordinata, pasticche, sostanze di ogni genere. Ci si illude di lenire e rendere più sopportabile la sofferenza del cuore ma di fatto si diventa sempre più dipendenti e il malessere continua ad aumentare.

Le ferite del cuore: una trappola mortale

Il meccanismo base di ogni ferita ci porta spesso a cadere in una trappola mortale.

Cosa succede quando ricevi una ferita? Provi dolore!

Come reagisci istintivamente a quel dolore? Con la rabbia!

E cosa fai quando sei arrabbiato?

Ascolti il tuo dolore? Gli dai un nome? Ne parli con qualcuno? Fai di tutto per non sentirlo, tenti di rimuoverlo?

Non siamo abituati ad ascoltare le nostre emozioni, i nostri sentimenti, il nostro dolore, difficilmente riusciamo a condividere, con le persone a noi più vicine, ciò che proviamo, le nostre sofferenze più profonde. Quando soffriamo tendiamo piuttosto a chiuderci, ad allontanare gli altri e il più delle volte, spesso inconsapevolmente, quel dolore si trasforma in rabbia, aggressività.

Così a nostra volta feriamo le persone che incontriamo, sia perché magari rispondiamo male a chiunque ci capita sotto tiro o anche perché chiudendoci in noi stessi diamo un messaggio non verbale di rifiuto a chi ci vuole bene e tenta di starci vicino. Ogni persona che si sente ferita da noi a sua volta reagisce in qualche modo al colpo da noi ricevuto e con tutta probabilità anche la sua reazione, al nostro comportamento di cui spesso non siamo consapevoli, provocherà in noi una nuova ferita.

Dunque: *La ferita produce dolore, il dolore produce rabbia, la rabbia ci porta spesso ad allontanare e ferire gli altri (spesso inconsapevolmente) che a loro volta tendono a reagire ferendoci.*

Riceviamo così nuove ferite che suscitano in noi nuovo dolore, rabbia e ci portano a ferire nuovamente qualcuno.

Si tratta di una trappola sottile ma subdola, pericolosa, capace di avvelenare ogni relazione per noi importante. Tanto più che il dolore della nostra ferita ci porta a focalizzare la nostra mente sul colpo ricevuto e a dimenticare, quasi in automatico, tutto quanto di bello la persona che ci ha ferito ha fatto per noi. Inoltre quasi sempre siamo talmente annebbiati dal nostro dolore/rabbia che non ci rendiamo conto che spesso gli altri ci feriscono perché siamo noi i primi ad averli feriti. Così ci riscopriamo sempre più soli, con il cuore sulla difensiva, indurito e incapace di aprirsi all'amore per paura di rendersi vulnerabile e ricevere nuove ferite.

Paura di amare

La prima cosa che ci insegnano fin da bambini è che se riceviamo un qualunque tipo di ferita nel corpo dobbiamo subito disinfettarla, curarla. Tanto più è profonda tanto più è importante intervenire subito e magari ricorrere a un bravo medico per evitare che la ferita faccia infezione e provochi gravi conseguenze o lasci brutte cicatrici indelebili.

Anche le ferite che riceviamo nel cuore, se non vengono curate, possono lasciare segni permanenti, avere gravi conseguenze e condizionarci in profondità.

Alcune ferite del cuore, se non riconosciute e curate adeguatamente, possono essere "mortali" perché possono portarci fino al punto di avere paura di amare.

Molti dopo avere ricevuto ad esempio più tradimenti – ferita terribile ma come abbiamo visto ormai diffusissima – iniziano ad aver paura di rendersi nuovamente vulnerabili e per proteggersi da nuove possibili ferite chiudono il cuore.

Questo però ha gravissime conseguenze nella vita di troppi: non solo ci si sente profondamente soli, anche se si ride e si scherza in mezzo a tanti, ma ci si sente morire lentamente perché l'amore è il nutrimento del cuore, l'ossigeno dell'anima. È fondamentale allora imparare a riconoscere e a curare ogni piccola o grande ferita.

Come curare le ferite

Nei capitoli precedenti abbiamo cercato di individuare alcune delle tante ferite ricevute nell'infanzia, nell'affettività e abbiamo meglio compreso quanto alcune di queste ferite possano diventare in qualche modo condizionanti. Abbiamo anche visto quanto le ferite possano avere conseguenze negative nelle nostre relazioni, nella nostra capacità di amare e più in generale sulla "salute" del nostro cuore. È allora assolutamente fondamentale, così come facciamo rispetto ai colpi subiti nel nostro corpo, intervenire subito, trovare la giusta cura perché quelle ferite non siano trascurate e non provochino poi conseguenze gravi sulla nostra vita, sul nostro benessere interiore.

Sono anni che raccolgo le lacrime di un popolo che ha il cuore ferito, piagato, spezzato e fin dal primo giorno in cui ho iniziato ad andare in strada e poi ad accogliere i ragazzi con storie drammatiche mi sono chiesta quale potesse essere una strada a portata di tutti per potere medicare tempestivamente le ferite interiori ed evitare di restare disabili rispetto alla nostra capacità di donare e ricevere amore.

Certamente le varie forme di psicoterapia possono essere di grande aiuto per superare traumi profondi ma, in un mondo in cui tutti riceviamo ferite molto dolorose, sono poche le persone che hanno consapevolezza delle conseguenze provocate dalle ferite subite e che quindi decidono di intraprendere un percorso di questo tipo. Per quanto riguarda poi i ragazzi che avevo iniziato a incontrare in strada di notte non erano certo nella condizione di potere sostenere i costi che qualunque tipo di psicoterapia richiede.

Così ho iniziato a cercare un qualche percorso di guarigione delle ferite del cuore che fosse accessibile a tutti quei ragazzi che mi consegnavano la loro sofferenza e che mi chiedevano un aiuto efficace che li aiutasse a non ricorrere a droghe, alcol, o alle tante forme di dipendenze in cui erano rimasti imprigionati, nel tentativo di lenire il loro profondissimo malessere interiore. Fermo restando naturalmente che per tutto ciò che riguarda il campo delle patologie è assolutamente necessario il supporto di psico-teraputi o psichiatri esperti.

Molti dei giovani che ho iniziato ad accogliere nella prima comunità Nuovi Orizzonti, e che sono diventati la mia nuova famiglia, avevano constatato sulla loro pelle che quella sensazione di "anestesia" che scaturisce da qualunque tipo di dipendenza è una subdola illusione che presto imprigiona il cuore e l'anima in un carcere mortale e la trascina in un malessere sempre più profondo.

Ho cercato ancora una volta delle possibili luci nelle parole di un grande uomo che per noi cristiani è anche il Signore della Creazione venuto ad abitare in mezzo a noi, Colui che ha detto «*Io sono la Via la Verità e la Vita*». Avevo trovato, proprio nel Vangelo, le risposte a tutti i bisogni più importanti della mia vita: bisogno di pace, di gioia piena, di verità, di luce, di libertà, di amore, di eternità, di infinito, di comunione. Avevo trovato in Cristo risorto quel cireneo di eccezione, capace di farmi rialzare ogni volta che mi ero sentita schiacciata da croci troppo più grandi delle mie piccole spalle e avevo deciso di andare in strada di notte in cerca di chi era nella disperazione proprio perché avevo scoperto che vivendo il Vangelo potevo continuare ad avere la gioia e la pace nel cuore, nonostante i dolorosi calvari da cui non ero stata affatto esonerata. Ero certa allora che proprio nel Vangelo avrei trovato delle risposte importanti anche su cosa fare per curare le ferite dei tanti fratelli che ogni giorno e ogni notte mi consegnavano la loro disperazione.

Alcune parole mi hanno raggiunto in profondità e Colui che è la Luce mi ha mostrato una via da percorrere che ha avuto risultati incredibili sulle tantissime persone che sempre più numerose iniziavano a bussare continuamente alla porta del mio cuore e della Comunità Nuovi Orizzonti in cerca di aiuto.

Proprio i primi giorni in cui ho iniziato ad andare in strada il grido raccolto da troppi mi aveva colpito come una terribile lancia che trafigge il cuore. Ho meditato delle parole della Sacra Scrittura che subito mi hanno trafitta, come dardi infuocati di luce, capaci di portare un dolce balsamo alla dolorosissima ferita per quel grido del popolo della notte, che mi sembrava insopportabile.

«Lo spirito del Signore Dio è su di me perché il Signore mi ha consacrato con l'unzione; mi ha mandato a portare il lieto annunzio ai miseri, a fasciare le piaghe dei cuori spezzati, a proclamare la libertà degli schiavi, la scarcerazione dei prigionieri» (Is *61, 1) (cfr.* Lc *4, 18).*

Si tratta di un passaggio di Isaia che avevo già meditato diverse volte ma all'improvviso quelle parole sono state per me come una folgorazione.

C'è qualcuno che può fasciare le piaghe dei cuori spezzati, liberare dalle catene infernali delle dipendenze, da quelle gelide carceri che imprigionano l'anima in un'angoscia tagliente che uccide lentamente! C'è un "medico" in grado di sanare quelle ferite che ormai ci appaiono incurabili!

C'è qualcuno capace di donarci ristoro quando ci sentiamo schiantati dalle sferzate della vita. Esiste un balsamo del cuore che può portare sollievo proprio là dove niente e nessuno sembrano capaci di consolare!

Il Signore della creazione, Colui che ha creato il nostro cuore (e quindi lo conosce meglio di chiunque altro) è venuto su questa terra per guarire, trasfigurare le nostre ferite più profonde. Lui ci ha amato fino al punto da fare sua ogni sfumatura del nostro dolore perché nel suo Amore possiamo trovare la via per vivere in pienezza la vita e per trovare la piena guarigione del cuore!

Più meditavo la Parola di Dio e più scorgevo una via di luce da percorrere e ne sperimentavo dei frutti incredibili di guarigione per le tante terribili ferite della mia nuova famiglia del popolo della notte.

«Venite a me, voi tutti, che siete affaticati e oppressi, e io vi ristorerò. Prendete il mio giogo sopra di voi e imparate da me, che sono mite e umile di cuore, e troverete ristoro per le vostre anime. Il mio giogo infatti è dolce e il mio carico leggero» (Mt *11, 28-30).*

Dovevamo innanzitutto imparare da Lui, presentare a Lui, «*uomo dei dolori che ben conosce il patire*» (*Is* 53), ogni nostra sofferenza e Colui che è l'Amore avrebbe donato ristoro al nostro cuore ferito!

Meditando le sue Parole di luce, guardando a Colui che ha detto «Io sono la Verità», abbiamo così iniziato a individuare alcuni passaggi fondamentali per la guarigione del cuore che si sono poi rivelati validi anche per chi non ha il dono della fede.

Vedrai miracoli se crederai

Mi ha sempre colpito, meditando il Vangelo, vedere quante volte Gesù lega la guarigione a una parola, semplice e fondamentale: fede!

*«La tua fede ti ha guarita» (*Mt *9, 22).*

*«E Gesù gli disse: "Abbi di nuovo la vista! La tua fede ti ha salvato"» (*Lc *18, 42).*

Avere fede in Colui che è venuto a fasciare le piaghe dei cuori spezzati è un passaggio fondamentale per potere ricevere la grazia della guarigione nel corpo ma anche nel cuore. Se non si ha il dono della fede credere che l'amore è più forte di ogni ferita, l'amore sana, tutto è possibile per chi ama.

Se è vero che Dio è nostro Padre e che perfino i capelli

del nostro capo sono contati, dobbiamo credere che, anche quando viviamo vicende assurde e ci sentiamo soccombere sotto croci troppo pesanti per le nostre fragili spalle, Dio ci ama personalmente e si prende cura di noi.

Spesso non comprendiamo perché se Lui ci ama ed è Onnipotente permette che viviamo dei calvari che a noi appaiono assurdi. Ma la fede è proprio questo continuare a credere nel suo Amore al di là di ciò che noi riusciamo a comprendere. Troppo spesso per arrivare a credere che Dio ci ama davvero, pretendiamo che risponda alle nostre preghiere, faccia per noi ciò che secondo noi sarebbe giusto. Ma avere fede non significa credere che Dio farà per noi ciò che noi gli chiediamo. Si tratta piuttosto di ricordarci che Lui è Dio e vede ben oltre ciò che noi possiamo comprendere, vedere, desiderare. Confidare che tutto è dono, tutto è grazia e se noi confidiamo nel suo Amore, proprio perché a Lui niente è impossibile, potrà fare sì che tutto ciò che noi viviamo, per quanto sul momento sia straziante per noi, possa poi concorrere ad un bene (cfr. *Rm* 8, 28). Nella misura in cui ci abbandoniamo davvero con fiducia all'Amore di Dio, Lui compie miracoli e meraviglie per noi.

Se chiediamo a Dio qualcosa con fede pari a un granello di senapa, non sempre otteniamo ciò che abbiamo chiesto, ma certamente lui risponde a chi prega con fede e ciò che Lui ci dona è sempre per un bene più grande, anche se in quel momento non siamo in grado di comprendere.

Quando il tuo cuore sanguina e non riesci più a trovare pace, quando sei scoraggiato perché la croce che porti è troppo grande e hai l'impressione che ti stia schiacciando, quando la tua anima grida e nessuno sembra potere comprendere il tuo dolore, rivolgiti a Dio Padre e abbi fede che Lui ti ama e si prenderà cura di te.

Guarda a Gesù, l'uomo dei dolori che ben conosce il patire perché nella sua terribile agonia sulla croce ha vissuto ogni sfumatura del tuo dolore, e ripeti: «Gesù io confido in te». Lui ha vinto la morte, ha preso su di sé ogni sofferenza per amore, ha trasfigurato il dolore... «*per le sue piaghe siamo stati guariti*». Ripeti: «*Gesù confido in te*»! Lui, non mancherà di rispondere alla tua preghiera, forse nel momento e nel modo che meno ti aspetti. Ma una cosa è certa: se avrai fede in Lui vedrai miracoli! Il Padre tuo che è nei Cieli sa ciò di cui hai bisogno prima ancora che tu glielo domandi, non solo... Lui sa molto meglio di te ciò di cui hai veramente bisogno e se tu come bimbo ti abbandoni tra le sue braccia Lui potrà prendersi cura di te. A Lui niente è impossibile!

Se non hai il dono di credere in Dio abbi comunque fede. *Tutto è possibile per chi crede* (*Mc* 9, 23)!

Se non hai fede in Dio, apriti comunque alla possibilità della sua esistenza! D'altra parte è più razionale credere che una meraviglia incredibile come l'universo e ogni creatura che lo abita abbia un creatore, piuttosto che credere che tutto sia frutto del caos ma poi sia regolato da leggi di una perfezione incredibile in un equilibrio di ecosistemi che ci lascia senza parole. Molti dicono: come faccio a credere in Dio? Non ci sono prove della sua esistenza! Per me la prova più grande è il prodigio che sei tu e tutta la creazione!

Comunque potrei dire lo stesso rispetto a chi non crede. Come si fa a essere atei convinti in nome della razionalità? Non c'è proprio nessuna prova oggettiva della non esistenza di Dio! Per contro ci sono tantissimi medici che hanno raccolto esperienze di persone clinicamente morte e poi tornate in vita che raccontano di avere fatto lo stesso tipo di esperienza. Moltissimi ad esempio hanno raccontato di essere usciti dal proprio corpo, di avere visto e sentito tutto quanto accadeva intorno a loro (che di fatto coincideva con quanto accaduto realmente) e poi di avere visto un tunnel, i loro cari, dei paesaggi meravigliosi con un orizzonte che non è stato loro possibile oltrepassare e una meravigliosa luce che li ha fatti sentire felicissimi e con nessuna voglia di tornare sulla terra anche se poi vi sono tornati. È alquanto improbabile che il cervello di persone di età e culture molto differenti possa rielaborare in uno stato di morte clinica lo stesso tipo di esperienza e che la persona sia capace di riferire con precisione ciò che ha visto accadere intorno a lei dopo che l'hanno dichiarata morta. È quantomeno scientificamente inspiegabile, (se non si ammette l'esistenza dell'anima che aveva lasciato il corpo) che qualcuno possa vedere con precisione qualcosa, anche nei luoghi vicini a lui) pur essendo considerato morto, quindi con gli occhi chiusi.

Certo è che se ciò in cui credono più di un miliardo di persone (e per cui centinaia di migliaia si sono lasciate uccidere, torturare, imprigionare, massacrare, pur di non rinnegare la loro fede in Cristo) fosse vero, non sarebbe una cosa da liquidare con un semplicistico: «Io non credo! Che ci posso fare? Non ho il dono della fede!».

Se Cristo fosse davvero il Verbo di Dio incarnato, che ci ha amato fino al punto di dare la sua vita per noi ed è risorto? Tutto cambia! Se è vero che Dio esiste e lui è, così come ci ha rivelato Gesù, nostro Padre, ci ama immensamente, «conta persino i capelli del nostro capo», sarebbe davvero una buona notizia o meglio una notizia straordinaria! Credo quindi che al di là delle proprie credenze (tutte assolutamente degne del massimo rispetto), comunque questa possibile verità sia davvero una questione fondamentale che merita tutta la nostra attenzione e il nostro approfondimento, senza alcun tipo di pregiudizio ma con onestà intellettuale e una seria ricerca della verità. Molte religioni credono nell'esistenza di Dio, ma noi cristiani crediamo addirittura che il Verbo di Dio si è incarnato, è venuto ad abitare in mezzo a noi, ha sconfitto la morte e ci ha dischiuso gli orizzonti della beatitudine eterna!

Dio ha bisogno che gli apriamo il nostro cuore per poter compiere meraviglie nella nostra vita perché lui rispetta il nostro libero arbitrio. Se non hai il dono della fede non ti arrendere: «*Cercate e troverete, bussate e vi sarà aperto*» (*Lc* 11, 9), cerca Dio con tutto il tuo cuore, libero dalle tue sicurezze, convinzioni, pregiudizi, certezze che non hanno nessuna prova... Sono più che convinta che se ti decidi davvero a cercarlo con tutto il tuo cuore Lui non mancherà di lasciarsi trovare!

Intanto se non credi in Dio, continua comunque a credere nella forza dell'amore, l'amore è più forte. L'amore vince sempre. L'amore porta guarigione nelle ferite più profonde e incurabili. L'amore fa miracoli!

Quando tutto diventa scuro continua ad avere speranza: anche dopo la più terribile delle tempeste il sole dell'amore torna sempre a splendere! *Continua a donare amore e scoprirai che l'amore è un potente balsamo di guarigione.*

La vera libertà fiorisce dall'amore per la verità

Ho sempre cercato, amato tantissimo la libertà e ho sempre cercato di non perdere quella libertà interiore, semplicità, spontaneità che è una delle caratteristiche più belle di ogni bambino. Quando ho letto per la prima volta nel Vangelo questa affermazione di Gesù: «*La Verità vi farà liberi*» (*Gv* 8, 32) ne sono rimasta profondamente affascinata. Ho desiderato fin dal primo momento viverla con la massima coerenza possibile e sceglierla come stile di vita. Alla luce di questa parola ho iniziato ad accorgermi di quante cose facciamo e non facciamo condizionati da mille timori, la paura di essere giudicati, di non essere accettati, di essere feriti, di non essere in grado, di fare brutta figura... Più ho iniziato a cercare la verità e a essere sempre vera con me stessa e con tutti, più ho sperimentato una profonda e meravigliosa sensazione di libertà interiore. Questo bisogno di verità mi ha portato a mettermi continuamente in discussione, in crisi, a cercare di guardare sempre con onestà alle mie fragilità, paure, difetti, limiti... senza sentire il bisogno di nasconderli né a me né a nessuno ma con un desiderio sempre crescente di conoscerli bene per potermi migliorare, per costruire relazioni autentiche e significative.

Ho scoperto così quanto questa parola sia fondamentale anche per quanto riguarda la guarigione del cuore e la possibilità di sperimentare una nuova libertà da tutti quei condizionamenti che ne derivano. Abbiamo visto già, nei capitoli precedenti, l'importanza di prendere consapevolezza delle tante trappole in cui spesso inconsciamente tendiamo a cadere e di quanto una ferita ci possa condizionare nelle reazioni immediate ma anche, se profonda, nelle nostre abitudini, atteggiamenti, relazioni, paure.

Alla fine di ogni capitolo ti ho chiesto di prenderti del tempo per rispondere ad alcune domande che per me e per molti sono state di grande aiuto proprio nel fare verità rispetto a chi siamo davvero, quali sono le nostre potenzialità inespresse, le nostre trappole, le ferite dell'infanzia, quelle più profonde, ricorrenti, condizionanti.

Per poter iniziare un serio cammino di guarigione interiore è davvero di fondamentale importanza che tu trovi del tempo di preghiera, di meditazione e silenzio, per fare verità con te stesso, individuare le esperienze più dolorose che ti hanno segnato in profondità, i messaggi, le ingiunzioni, i divieti, i giudizi più frequenti che hai ricevuto da bambino, che ti hanno ferito e che con il passare del tempo ti hanno condizionato nel perdere quella spontaneità, semplicità, quel saper essere sempre te stesso con chiunque, che ti avevano caratterizzato nel periodo della tua infanzia. *La verità ci rende liberi!*

Certo, guardare in verità i tanti eventi più o meno dolorosi della nostra storia è tutt'altro che piacevole. Si tende a evitare di guardare con consapevolezza a ciò che ci ha fatto soffrire. E spesso quando si prende contatto con la sofferenza vissuta, di cui molta rimossa, si ha la forte tentazione di fuggirla o di scoraggiarsi. Potresti sentirti sopraffatto dal dolore, dalla voglia di scappare, dal non sapere cosa fare dinnanzi a delle verità che preferisci non guardare. Eppure *tutto ciò che è tenebra quando viene alla luce perde la sua forza*. È come se un laccio che ci ha imprigionato finalmente si spezzasse. Se poi le zone d'ombra della tua storia le consegni a Colui che è la Luce, con fede che niente è impossibile a Dio, Colui che ci guarisce può davvero trasfigurare ogni ferita, sanare i ricordi, spezzare le mille catene di tante paure paralizzanti che ti hanno tenuto imprigionato.

Riconosci le tue ferite condizionanti

Sono tanti i messaggi che in qualche modo ci feriscono quando siamo bambini ma ce ne sono alcuni che poi tendono a ripetersi con troppa frequenza e ci condizionano in ciò che decidiamo di fare o non fare, in ciò che decidiamo di essere, perché abbiamo paura di sentirci nuovamente feriti, giudicati, non accettati. Nei capitoli precedenti abbiamo cercato insieme di iniziare a individuare alcune delle ferite che potrebbero ancora condizionare le nostre decisioni, reazioni istintive, comportamenti, atteggiamenti.

Prova ancora a dedicare del tempo di qualità per guardare a tutti i momenti più brutti che hai vissuto e che la mente tende a rimuovere perché troppo dolorosi da ricordare.

Quali sono stati gli eventi che più ti hanno segnato?

La malattia di una persona cara. Violenze verbali o fisiche subite. Abusi nella sessualità. Tradimenti. Abbandoni. La morte di qualcuno che hai amato. L'esserti sentito giudicato, preso in giro, colpito alle spalle. Il non esserti sentito accettato. I litigi. L'essere stato vittima di bullismo. L'aria sempre tesa in famiglia. La separazione dei tuoi. Qualche fallimento bruciante. L'essere stato lasciato dalla ragazza/o di cui ti eri innamorato...

Cerca di dare un nome al tipo di sofferenza che hai provato nei momenti più dolorosi.

Come ti sei sentito: non accettato, giudicato, tradito, abbandonato, violentato, rifiutato, usato, umiliato, inadeguato, fallito, non amabile, impotente, incompreso, non ascoltato, vulnerabile, sconfitto, debole, impaurito, ricattato, preso in giro, solo, sbagliato...?

Quali di queste sensazioni provavi più frequentemente? Ce n'è qualcuna che ti ha caratterizzato di più?

Quali erano le frasi più ricorrenti, i messaggi verbali e non verbali *che tendevano a ferirti di più*?

«Sei un buono a nulla!»; «Sei un perdente»; «Gli altri sono migliori di te!»; «Riesci sempre a farmi saltare i nervi!»; «Vergognati»; «Con i tuoi comportamenti inadeguati mi metti in imbarazzo»; «Non mi disturbare, sono troppo impegnato in cose più importanti di te!»; «Non sei all'altezza di ciò che ti viene richiesto!»; «Basta, mi hai stancato, non ti voglio più bene!»; «Sei proprio un debole non ti meriti il rispetto di nessuno!»; «Se non fai bene ciò che ti viene richiesto non vali niente!»; «Non sei abbastanza intelligente!»; «Sei un fallito!»; «Non mi fare arrabbiare! Non hai nessun diritto di importunarmi coni tuoi bisogni»; «Fai il tuo dovere e non mi seccare!...».

Sono tanti i messaggi dolorosi che possono caratterizzare i vari momenti della nostra storia e alcune di queste esperienze vissute possono segnarci molto in profondità. La tendenza a rimuovere ciò che ci ha fatto soffrire troppo è un naturale meccanismo di difesa.

Cerca ora invece di individuare quali erano le parti di te che speravi tutti notassero e quali facevi di tutto per nascondere. Volevi che pensassero che eri forte? Vincente? Il migliore? Brillante? Intelligente? Simpatico? Bravo? Disponibile? Un eroe? Generoso? Senza paure? Affascinante? Perfetto? Rispettoso delle regole?

E oggi?

Di che cosa ti vergognavi di più da bambino con i tuoi genitori? Con le persone che erano per te importanti punti di riferimento? Con i tuoi amici?

E oggi?

Quali erano le paure che poco alla volta hanno iniziato a condizionarti in maniera importante:

La paura di ciò che gli altri avrebbero pensato di te? La paura di non essere all'altezza della situazione? Di mostrare la tua sensibilità, di essere considerato un debole? La paura di deludere le aspettative? L'ansia da prestazione? La paura di disturbare? La paura di non sentirti accettato? Di non essere il migliore? Di non essere amabile? Che ci fosse sempre qualcuno migliore di te? Di non riuscire ad avere l'affetto e l'attenzione di cui avevi bisogno? La paura di dire ciò che realmente pensi, di essere pienamente te stesso? La paura che qualcuno si arrabbi? La paura del rifiuto, dell'abbandono?

Quale di queste paure pensi che ancora oggi condizionino i tuoi comportamenti, le tue scelte, le tue decisioni, il tuo essere o non essere coerente con ciò che sei, con ciò in cui credi davvero? Con ciò che dici, con ciò che mostri agli altri di te?

Ora cerca di andare a fondo su una domanda a cui hai già risposto nel capitolo sul bambino ferito.

Quali sono le situazioni, osservazioni/correzioni che ti feriscono di più e ti portano ad avere reazioni esagerate. Il più delle volte quando qualcuno va a toccare dei punti che hanno a che fare con il nostro bambino ferito tendiamo a "saltare" e a sentirci in balìa di un turbinio di emozioni.

Se per esempio hai interiorizzato che devi essere forte a tutti i costi e qualcuno mette in ridicolo un qualche atteggiamento che ha tradito in qualche modo la tua sensibilità o debolezza, con tutta probabilità la tua reazione esteriore (o anche solo interiore) tenderà a essere amplificata e sproporzionata rispetto al fatto in sé. Se invece in passato ti hanno fatto soffrire mettendo sempre in risalto la tua inadeguatezza, ogni qualvolta ti sarai impegnato in qualcosa e qualcuno ti farà qualche osservazione su ciò che non hai fatto come avresti dovuto, farai molta fatica ad accoglierla con serenità, come un'opportunità di migliorarti ulteriormente, ma tenderai piuttosto a sentirti destabilizzato, arrabbiato, e a stare molto male a causa della frustrante sensazione che con ricorrenza tendi a rivivere che tutto ciò che fai, per quanto tu ti impegni, non vada mai bene.

Ogni osservazione fatta dagli altri ti porta a convincerti che sei tu che non vai bene e questo tende a farti provare un profondissimo senso di malessere e di rabbia.

Se sei stato segnato in profondità da ferite di tradimento, nel momento in cui la persona che ami si relaziona con affetto e grande apertura verso qualche amico particolarmente brillante e affascinante e magari te ne parla bene, mettendo in risalto qualche sua caratteristica positiva, con tutta probabilità non riuscirai a restare sereno. Sarai portato a mettere in dubbio la profondità dell'amore che il tuo partner prova per te, avrai la spiacevole sensazione che la terra ti manchi sotto i piedi e sentirai uno strano malessere alimentarsi dentro di te a cui farai fatica a dare un nome, ma con tutta probabilità si tratterà di un misto di rabbia, paura di perdere la persona amata, gelosia, tanto più forti e ingestibili quanto più dolorosi sono stati i tradimenti da te vissuti.

È fondamentale fare verità sulle proprie ferite, le proprie paure, le proprie reazioni amplificate per capire se e in che misura ancora ci condizionano e ci sono di impedimento nel riuscire a stabilire nuove relazioni di affetto e di amicizia serene e appaganti.

Il più delle volte però da soli non ne siamo capaci, perché riguardano proprio le parti di noi che non vogliamo vedere e che ci fanno più male, rispetto alle quali tendiamo a difenderci mettendo in atto dei semplici meccanismi di rimozione: evitiamo di guardare in verità ciò che ci causa profonda sofferenza e con facilità riteniamo gli altri responsabili di ciò che ci fa stare male piuttosto che prendere consapevolezza di quanto il nostro malessere così destabilizzante sia invece frutto di un qualcosa che è andato a toccare una parte di noi con cui ancora non abbiamo voluto fare i conti, profonde ferite del nostro cuore mai completamente curate e rimarginate.

Finché continuerai ad attribuire ai comportamenti altrui i tuoi continui stati di malessere, non potrai mai andare alla vera causa che in realtà è in te e mai fuori di te.

Non è ciò che gli altri fanno che ci fa stare male ma il come noi decidiamo di reagire a ciò che gli altri fanno! E grazie alla forza interiore e alla libertà del nostro spirito abbiamo sempre la possibilità di scegliere di vivere al meglio qualunque tipo di situazione.

Se siamo fortemente condizionati dalle nostre ferite qualunque cosa gli altri facciano ha il potere di decidere per noi i nostri stati d'animo. È normale che se qualcuno ci urla addosso ingiustamente ci arrabbiamo. È una reazione naturale, ma poi sta a noi decidere se vale la pena di restare arrabbiato/a o meno. Se invece quell'arrabbiatura è frutto di qualcosa che è andato a toccare una ferita profonda di cui non abbiamo piena consapevolezza, con tutta probabilità non riusciremo a dare un nome e a gestire quella profonda rabbia che continua ad autoalimentarsi dentro di noi.

Individua i tuoi atteggiamenti non sani

Non è sufficiente fare verità sulle ferite che abbiamo subito è altrettanto fondamentale fare verità su quegli atteggiamenti, comportamenti, abitudini non sane che in qualche modo ci caratterizzano e ci portano a ferire, il più delle volte inconsapevolmente, le persone che amiamo e impegnarci a sostituirli. Se ad esempio siamo narcisisti, oppure irascibili, superbi, sesso-dipendenti, egoisti, insensibili, suscettibili, arrivisti, pigri... metteremo in atto una serie di comportamenti che inevitabilmente ci porteranno a ferire le persone che amiamo. Noi siamo sempre molto attenti a ciò che gli altri fanno o non fanno da cui ci sentiamo feriti, mentre tendiamo a non vedere ciò che noi diciamo e facciamo che ferisce le persone intorno a noi. Molto spesso chi ci fa del male sta reagendo a qualcosa che noi abbiamo fatto che l'ha ferito ma la nostra attenzione si focalizza su come e quanto l'altro ci abbia fatto e tendiamo a non vedere o ad auto giustificarci rispetto ai nostri comportamenti che in sostanza feriscono gli altri.

Sei egoista, per lo più proiettato su ciò che vuoi fare tu e che gli altri dovrebbero fare per te o sei attento a quelli che sono i bisogni degli altri e a ciò che tu puoi compiere per renderli più felici?

Quando sei arrabbiato tendi a prendertela con le persone che ami e le tratti male oppure fai di tutto per fare in modo che il tuo nervosismo, la tua tensione non si ripercuota su di loro?

Quando ti arrabbi e ferisci qualcuno, appena hai sbollito gli chiedi scusa?

Quanto tempo dedichi all'ascolto delle persone che ami? Sei dipendente da qualcosa? Quanto queste tue dipendenze ti rendono poco attento alle persone che ami o ti portano in qualche modo a ferirle? Sei pigro? Trovi ogni scusa e modo per delegare i servizi di casa e gli impegni e responsabilità a cui bisogna fare fronte agli altri? Tendi ad affermarti sugli altri o sei sempre attento e rispettoso dei loro diritti, bisogni, necessità, sensibilità? Sei superbo? Suscettibile? Metti il lavoro sempre al primo posto o sei attento a dedicare il giusto tempo agli affetti più cari, agli amici?... Sono solo alcune delle tantissime domande concrete che possono essere di aiuto nell'individuare tanti diversi comportamenti, atteggiamenti che possono in qualche modo ferire, o per lo meno urtare la sensibilità di chi ti ama... naturalmente la lista di domande da porsi è ben più lunga e dettagliata. Ti invito quindi a dedicare molto tempo e attenzione anche a questo punto e, alla luce del percorso fatto fin qua, andare più in profondità riguardo al tuo io passionale.

Fino a che non comprendiamo che tanti dei nostri atteggiamenti, comportamenti, abitudini, feriscono le persone con cui ci relazioniamo, che a loro volta reagiscono ferendoci, ci troviamo intrappolati in un circolo vizioso che ci porta ciclicamente ad allontanarci dalle persone che ci amano e che siamo convinti di amare. Ci riscopriamo così nuovamente soli anche se con mille "amici" sui social.

L'importanza del confronto nella verità

Per fare l'esperienza della verità che ci guarisce e ci libera dai tanti condizionamenti dovuti alle nostre ferite, non è sufficiente fare verità con noi stessi, abbiamo bisogno di qualcuno che ci conosca bene e che ci ami fino al punto di saperci rivelare quelle verità di noi che non vogliamo sentirci dire perché noi stessi, per mille motivi, non le vogliamo ammettere.

Ti chiederei quindi, ancora una volta, dopo esserti preso una settimana per rispondere per iscritto alle domande di questo capitolo (se hai il dono della fede rispondi solo dopo esserti immerso nella preghiera del cuore e aver chiesto aiuto allo Spirito Santo), di chiedere alle persone che ti amano davvero e che ti conoscono bene, al di là delle varie maschere che di volta in volta più o meno consapevolmente ti trovi a indossare per difenderti, un riscontro, in piena verità, rispetto a quanto tu hai scritto.

Condividono le tue risposte o ci sono cose che loro vivendoti accanto hanno notato di te di cui tu non hai piena consapevolezza? Spesso le persone che ci amano notano molto meglio di noi quali sono le nostre paure condizionanti (che sono legate alle nostre ferite più profonde), quando abbiamo reazioni del tutto sproporzionate rispetto agli eventi vissuti, cos'è che ci manda in tilt e ci fa più innervosire, quali sono gli atteggiamenti con cui feriamo spesso inconsapevolmente le persone con cui ci relazioniamo.

Questo impegno nel metterci in verità con noi stessi e nell'ascoltare la verità che possono dirci le persone che ci conoscono a fondo e che ci amano davvero, anche se tutt'altro che facile, può essere di grandissimo aiuto. Devono però essere persone equilibrate per evitare che proiettino su di noi i loro vissuti. Per questo è importante, come già ho sottolineato più volte negli esercizi dei precedenti capitoli, *sentire più pareri. È un passaggio fondamentale per la guarigione del cuore e per sperimentare una nuova libertà rispetto alle nostre ferite condizionanti.*

L'individuare le ferite più profonde che abbiamo ricevuto non deve diventare il pretesto per prendercela con le persone che ci hanno ferito e attribuire a loro la "colpa" di tanti nostri malesseri. Al contrario deve aiutarci a riacquistare consapevolezza di come alcune nostre reazioni e malesseri siano condizionati da queste ferite e proprio per questo noi abbiamo la possibilità di decidere di reagire diversamente rispetto ai tanti eventi che viviamo. Nel nostro spirito possiamo trovare tutto ciò di cui abbiamo bisogno per deciderci a non vivere più in balìa della nostra rabbia e delle nostre reazioni emotive. *Acquisire consapevolezza di ciò che ci fa stare male e perché, è il primo passo necessario per potere poi sostituire alle nostre reazioni negative "autoprogrammate", dei nuovi atteggiamenti da noi scelti in quanto più costruttivi e funzionali al nostro benessere personale e a costruire relazioni belle, importanti, positive, appaganti, con le persone che ci circondano.*

Scheda esercizi

Domande di approfondimento (rispondi per iscritto)

- Ti senti solo?
- Quante relazioni hai che consideri vere, belle, piene di affetto, di stima reciproca, di amore vero? Quante persone consideri dei veri amici?
- Quanto tempo trascorri su internet, tv, social. Quanto tempo dedichi alle relazioni importanti?
- Ti senti profondamente amato? Da chi?
- Quali sono le persone che più ami? Quanto tempo dedichi loro e cosa fai per renderle felici?
- Come reagisci quando ti senti ferito? E quando ferisci gli altri?
- Cosa fai di concreto per sanare le tue ferite e lenire quelle delle persone con cui ti relazioni?
- Ti capita di sentirti spesso arrabbiato? Cosa fai?
- Che cosa è che ti fa arrabbiare spesso?
- Che cosa ti fa più arrabbiare?

- Quali pensi siano le radici più profonde della tua rabbia?
- Credi in Dio? Perché? Quali sono le motivazioni più profonde che ti portano a credere o a non credere? Cosa potresti fare di più per scoprire se ciò in cui credi o non credi è vero?
- Credi nella forza dell'Amore?
- Sai metterti in gioco, in crisi, per continuare sempre a cercare con onestà intellettuale la verità?
- Sei vero con te stesso e con gli altri?
- Sperimenti una profonda libertà interiore in ciò che vivi e nelle relazioni che hai?
- Quali sono stati gli eventi più dolorosi che ti hanno segnato? Cerca di dare un nome al tipo di sofferenza che hai provato nei momenti più dolorosi. Come ti sei sentito?
- Quali erano le frasi più ricorrenti, i messaggi verbali e non che tendevano a ferirti di più?
- Quali erano le parti di te che speravi tutti notassero? Quali invece facevi di tutto per nascondere? E oggi?
- Di che cosa ti vergognavi di più da bambino con i tuoi genitori? Con le persone che erano per te importanti punti di riferimento? Con i tuoi amici?
- E oggi?
- Quali erano le paure che poco alla volta hanno iniziato a condizionarti in maniera importante?
- Quali di queste paure pensi che ancora oggi condizionino i tuoi comportamenti, le tue scelte, le tue decisioni?
- Quali sono le situazioni, osservazioni/correzioni che ti feriscono di più e ti portano ad avere reazioni esagerate?
- Hai sufficiente consapevolezza che non è tanto ciò che gli altri fanno che ti porta a stare male ma il come tu decidi di reagire?

• Quali sono gli atteggiamenti, comportamenti, abitudini non sane che ti caratterizzano e che ti portano a ferire le persone con cui ti relazioni?

• Che impegni concreti puoi prendere per cambiare questi tuoi atteggiamenti?

• Prenditi almeno una settimana di tempo per rispondere a fondo a queste domande.

Poi fai leggere le tue risposte a qualcuno che ti conosce bene e che ti ama davvero e ritagliati un tempo di qualità per confrontarti con loro e ascoltare con molta attenzione il loro punto di vista. Condividono quanto hai scritto? Su cosa non sono d'accordo? Cosa risponderebbero di diverso?

Parola di luce. Esperienza risanatrice

«Io sono la Via la Verità e la Vita.»

«Lo spirito del Signore Dio è su di me perché il Signore mi ha consacrato con l'unzione; mi ha mandato a portare il lieto annunzio ai miseri, a fasciare le piaghe dei cuori spezzati, a proclamare la libertà degli schiavi, la scarcerazione dei prigionieri» (Is *61, 1) (cfr.* Lc *4, 18).*

«Venite a me, voi tutti, che siete affaticati e oppressi, e io vi ristorerò. Prendete il mio giogo sopra di voi e imparate da me, che sono mite e umile di cuore, e troverete ristoro per le vostre anime. Il mio giogo infatti è dolce e il mio carico leggero» (Mt *11, 28-30).*

«La tua fede ti ha guarita» (Mt *9, 22).*

«La Verità vi farà liberi» (Gv *8, 32).*

Passaggi fondamentali

- Dalla solitudine a costruire relazioni vere, appaganti, ricche di affetto e amore.
- Aprire il cuore. Superare la paura di rendersi vulnerabili nel donare e ricevere amore.
- Credere che l'amore è più forte, l'amore sana le ferite, vince, fa miracoli.
- Cercare sempre la verità. Essere in verità con se stessi e con tutti.
- Individuare gli atteggiamenti non sani e cambiarli.
- Custodire i momenti di dialogo profondo.

8
PER-DONO
Riconciliazione-gratitudine

Il rancore avvelena l'anima

Abbiamo sottolineato più volte quanto l'amore sia fondamentale per sanare le tante ferite ancestrali che abbiamo ricevuto nell'infanzia e quelle che ogni giorno riceviamo. Molte volte però, magari inconsapevolmente, continuiamo a serbare rancore nei confronti delle persone che ci hanno ferito e non ci rendiamo conto che ogni volta che permettiamo al rancore di abitare in noi ci avvelena lentamente fino a renderci incapaci di donare e ricevere amore. La ferita che abbiamo ricevuto continua a sanguinare, il dolore che ne scaturisce continua a graffiare il cuore, cerchiamo di contenere la rabbia, di nasconderla anche a noi stessi, ma intanto lei è lì, come una polveriera, aspettando la prima miccia accesa per potere esplodere. Il dolore si trasforma subdolamente in rancore: chi ci ha ferito deve pagare in qualche modo ciò che ci ha fatto! Continuiamo a rivivere il momento doloroso della ferita ricevuta e il dolore, la rabbia, il rancore aumentano. Crediamo che serbare rancore verso qualcuno sia un modo naturale di fargli pagare tutto il male che ci ha fatto ma non ci rendiamo conto che così non stiamo facendo altro che avvelenare il nostro cuore, la nostra anima, continuiamo a punire noi stessi per il male ricevuto, diamo il potere a chi ci ha fatto stare male di continuare a farci stare male e di privarci di tanti momenti preziosi che, se solo cambiassimo atteggiamento rispetto a ciò che ci ha ferito, potremmo invece vivere felicemente. È molto difficile superare il rancore quando la ferita subita è profonda perché il cuore in automatico tende a difendersi così. *Ma il rancore è una di quelle risposte alla sofferenza che dobbiamo imparare a disinnescare quanto più velocemente possibile*. Più permettiamo al rancore di scorrere in noi più ne restiamo pericolosamente avvelenati. *L'unico potente antidoto a questo veleno* che può arrivare a rendere il nostro cuore duro come la pietra, è il perdono.

Il per-dono guarisce il cuore

Il perdono è un grande dono che facciamo a chi ci ha ferito ma prima di tutto a noi stessi. Sì, perché il perdono è un potentissimo balsamo di guarigione capace di raggiungere la profondità delle ferite più dolorose e sanarle. Il perdono non solo sana la frattura che si è creata con gli altri, permettendoci di riconciliarci con chi ci ha ferito, ma rimargina anche la ferita presente nel nostro cuore che, con il veleno del rancore, rischia di diventare sempre più "infetta" e di "incancrenirsi". Certamente è difficile perdonare chi in qualche modo ci ha causato una terribile sofferenza, ma solo se troveremo il coraggio di farlo, quella ferita si potrà rimarginare e finalmente il nostro dolore potrà diminuire fino a sparire del tutto. Il perdono è l'unico antidoto efficace contro il veleno del rancore, lo neutralizza e sana il cuore.

D'altra parte è questa la Via che Colui che è l'Amore ci ha insegnato. Quando Gesù ha vissuto la più terribile delle notti, la sua crudissima passione dolorosa, tradito da tutti, massacrato nel corpo e nell'anima, percosso e flagellato a morte senza alcun motivo, poco prima di esalare il suo ultimo respiro ci ha consegnato queste preziosissime parole: «*Padre perdona loro perché non sanno quello che fanno*!». Lui il Figlio di Dio, venuto sulla terra per salvarci, consegnato alla morte come l'ultimo dei malfattori, proprio lui che aveva vissuto ogni attimo della sua vita per alleviare le sofferenze di moltitudini, donare amore purissimo alle migliaia di persone incontrate nelle strade della sua terra, inchiodato a quella croce, sfibrato da una crudissima agonia, umiliato, disprezzato, percosso senza alcuna pietà, agonizzante... cosa fa?

Si rivolge al Padre e chiede perdono per i suoi aguzzini!

Se Lui che ha detto «*io sono la Via*», nel vertice della sua sofferenza, con il cuore e il corpo straziati, ha voluto perdonare ad alta voce i suoi carnefici, credo che abbia voluto mostrarci la via da percorrere, abbia voluto rivelarci una caratteristica incredibile dell'amore: il perdono! Il grande dono con cui Dio ha rinnovato le nostre vite, ha trasfigurato ciò che noi abbiamo sfigurato. Ci ha rivelato così un aspetto fondamentale dell'amore vero. Un amore *che vince, che tutto copre, tutto crede, tutto spera, tutto scusa, sopporta* (cfr. *1 Cor* 13)... un amore che è più forte della morte. Sta a noi lasciarci rinnovare dal grande dono del perdono e perdonare a nostra volta chi ci ferisce per permettere, a questo incredibile amore che Dio stesso ci ha insegnato, di operare grandi cose nella nostra vita, trasfigurare le nostre ferite, abbattere le muraglie che abbiamo innalzato per difenderci dagli altri ma che poi ci hanno separato dal mondo, lasciandoci sprofondare in una dolorosa solitudine.

«Non giudicate e non sarete giudicati; non condannate e non sarete condannati; perdonate e vi sarà perdonato» (Lc *6, 37).*

Lasciati rinnovare dalla misericordia

Una delle meravigliose notizie che Gesù è venuto a portarci è che Dio non solo è Padre, è un padre di infinita misericordia. È bellissima la parabola del figliol prodigo che ci mostra un padre che, nonostante suo figlio abbia abbandonato la casa per un lungo periodo, dilapidando tutta l'eredità ricevuta, continua ad amare il figlio e ad aspettare con trepidazione il suo ritorno. Quando finalmente il figlio si ravvede, comprende quanto è stato stolto e con un certo timore si decide a tornare a casa, il padre gli corre incontro, lo abbraccia, fa una grande festa perché il figlio che «*era perduto è stato ritrovato*». Con tutta probabilità questa non è precisamente la reazione che ci aspetteremmo dal nostro padre terreno se ci comportassimo come il figliol prodigo, eppure Gesù ci racconta questa parabola per farci conoscere la misericordia di Dio Padre: Dio è amore, Dio è misericordia! Quando ci decidiamo a tornare da lui, anche se ne abbiamo combinate di tutti i colori, se abbiamo permesso al nostro peccato di sfigurare la divina bellezza impressa nella nostra anima, abbiamo dilapidato l'eredità divina ricevuta, Dio ci accoglie con immenso Amore. Andiamogli incontro, lasciamoci raggiungere dal suo abbraccio, lasciamoci rinnovare dalla sua infinita misericordia! Il suo amore ancora una volta sarà più forte della "morte" a cui abbiamo permesso di imprigionare la nostra anima. *Lasciamoci riconciliare con Dio!* (cfr. *2 Cor* 5, 20). Immergiamoci nell'oceano della sua infinita misericordia. Chiediamo perdono a lui per tutto il male che più o meno consapevolmente abbiamo commesso, con cui abbiamo ferito noi stessi e tante delle persone a cui abbiamo causato del dolore!

Prova ancora a ripercorrere in preghiera tutta la tua vita. Quanto male ti sei fatto? Quanto male hai fatto? Quante ferite al cuore di tuo Padre? Al cuore dei tuoi fratelli? Se sei cristiano approfitta del sacramento della riconciliazione. Fai una confessione generale e chiedi perdono a Dio per tutto il male che hai commesso, per tutti i vizi a cui hai permesso di mettere radici nella tua anima privandoti della tua dignità e bellezza di figlio di Dio. Chiedi perdono con tutto il tuo cuore e lasciati raggiungere dall'abbraccio di misericordia del Padre Celeste. Sentirai un balsamo divino lenire le ferite più profonde del tuo cuore, sentirai l'abbraccio di tenerezza di Colui che continua ad amarti nonostante tutte le tue povertà, miserie, peccati. È un'esperienza risanante che ti rigenera a nuova vita.

Non è sufficiente lasciarci raggiungere dalla misericordia del Padre, anche se si tratta certamente di un passo importantissimo. È altrettanto importante imparare a essere misericordiosi con gli altri e anche con noi stessi: «*Siate misericordiosi, come è misericordioso il Padre vostro*» (*Lc* 6, 36).

Se non sei cristiano, quindi non conosci la grazia del sacramento della confessione, rivolgiti lo stesso a Dio e chiedi perdono per tutto il male commesso e per tutto il bene omesso. Se non hai la fede in Dio prenditi del tempo per guardare in verità e con onestà al tuo egoismo, al male commesso, al male che hai fatto a te stesso e agli altri e prova a perdonarti, sarà un grande dono che potrai fare a te stesso, un passo comunque importante per la guarigione del tuo cuore.

Perdona te stesso

Prova a immaginare di dovere trascorrere il resto dei tuoi giorni chiuso in una prigione con una persona che ha fatto del male a te, alle persone che ami e che di conseguenza non riesci a perdonare. Come pensi che sarebbe la tua vita?

Spesso il vero motivo per cui qualunque cosa facciamo, dovunque andiamo, ci accompagna sempre un forte malessere è proprio questo. Inconsapevolmente stiamo continuando a vivere ogni giorno in una prigione con qualcuno che non riusciamo a perdonare... e questo qualcuno siamo proprio noi.

Sembra un paradosso ma è così! Se è vero che è difficile avere consapevolezza del male che abbiamo fatto, del bene che per pigrizia o per egoismo abbiamo scelto di non fare ed è difficile chiedere perdono a Dio, lasciarci raggiungere dal suo abbraccio di misericordia, ancora più difficile è perdonare noi stessi. Non è affatto scontato che siamo riusciti ad accettare e perdonare noi stessi per i tanti errori che abbiamo fatto. Spesso ci sono cose di noi che non riusciamo a perdonarci, proviamo a nasconderle in qualche cassetto recondito della nostra memoria, della nostra anima, ma non ci rendiamo conto che così non facciamo altro che crearci la nostra prigione in cui convivere con qualcuno che non vogliamo perdonare. Gli altri bene o male possiamo in qualche modo evitarli, ma l'unica persona con cui dovremo necessariamente passare il resto dei nostri giorni siamo noi stessi e se non riusciamo a riconciliarci con tutto di noi: errori, miserie, fragilità, limiti, debolezze, povertà, difetti, peccati... non troveremo mai pace, perché ci stiamo costringendo a stare con qualcuno che non ci piace, con cui non possiamo stare bene.

Dio è infinita misericordia e ci rende nuovi con il suo Amore, con il sacramento della riconciliazione, ma se noi siamo i primi a non perdonarci, quel sottile rancore che conserviamo nei nostri confronti continuerà ad avvelenare la nostra anima, indurirà il nostro cuore, lo renderà incapace di lasciarsi raggiungere dalla Misericordia di Dio dall'amore degli altri e ci "ammaleremo" nell'anima. Porremo così noi stessi le premesse perché ci sia sempre un certo malessere di fondo che ci accompagna, anche quando viviamo esperienze bellissime e stiamo con persone meravigliose. Un altro grande dono di cui abbiamo assoluto bisogno per potere guarire il nostro cuore è il nostro per-dono. Dobbiamo prenderci del tempo per vedere se c'è qualcosa di noi che non siamo ancora riusciti ad accettare e con tutto l'amore e la nostra volontà dobbiamo innanzitutto perdonare noi stessi, non lasciare nessuna zona d'ombra nella nostra anima, niente che possa dividerci da noi stessi, farci sentire minacciati da un invisibile nemico che in fin dei conti siamo noi stessi. La prima persona al mondo con cui abbiamo assoluto bisogno di riconciliarci siamo noi!

Riconciliati con la tua storia

Se vuoi riconciliarti pienamente con te stesso può esserti di aiuto fare alcuni passaggi. Innanzitutto è importante che ti riconcili con la tua storia personale. Come abbiamo iniziato a vedere nei capitoli precedenti, ci sono tanti eventi dolorosi che tendiamo a rimuovere perché il solo ricordo è come se riaprisse una voragine di dolore che sembra volerci travolgere. Ma se alcuni meccanismi di difesa, che ci portano a seppellire nell'inconscio alcuni momenti della nostra storia, possono essere talvolta sacrosanti per la nostra sopravvivenza, nella maggior parte dei casi trovare il coraggio e il tempo di riconciliarci con eventi importanti e dolorosi della nostra vita può essere altrettanto fondamentale per non restare imprigionati nei nostri "buchi neri" del cuore, della mente e dell'anima.

Vorrei provare allora a suggerirti un piccolo esercizio che ogni anno facciamo con i ragazzi accolti in comunità e con chi decide di fare un percorso di conoscenza di sé e guarigione del cuore su l'arte di amare.

Compra un cartellone bianco abbastanza grande. Munisciti di giornali che abbiano molte immagini, di pennarelli/colori, forbici, colla. Trova un tempo e un luogo tranquillo in cui niente e nessuno ti disturbi. Scegli della musica bella, rilassante. Se hai il dono della fede immergiti nella preghiera contemplativa e chiedi al Padre il dono dello Spirito Santo. Ok! Tuffati ora nella tua storia e cerca di ripercorrere le tappe più importanti della tua vita fin dal momento del tuo concepimento a oggi. Cerca di ricordare i momenti più significativi per te: belli, dolorosi, quelli che più ti hanno segnato sia in positivo che in negativo. Ora prendi un pennarello e traccia una riga orizzontale che possa dividere in due il cartellone. Nella parte al di sopra della linea cerca di riassumere in ordine cronologico tutti gli eventi più belli. Nella parte al di sotto della linea quelli più dolorosi che ti hanno segnato e con tutta probabilità condizionato. Ripercorrili in ordine temporale e per ciascuno di questi eventi cerca tra le tante immagini dei giornali di cui ti sei munito un'immagine che per te rappresenti simbolicamente quel determinato momento della tua vita. Deve essere un'immagine che ti colpisce e che sia per te in qualche modo ricollegabile a quel momento della tua storia. Se preferisci disegnare puoi anche scegliere di rappresentare quel determinato evento con qualche disegno che sia per te significativo e simbolico. Una volta rappresentati con immagini simboliche i vari momenti più importanti della tua vita, scrivi accanto a ciascuna immagine che hai disegnato o scelto per rappresentare quel determinato evento poche parole che lo riassumano (per es. la mia nascita, la mia infanzia, il rapporto con mamma, con papà, con i fratelli, la malattia di..., la morte di..., le prese in giro dei miei compagni, la prima cotta... ecc.)... naturalmente sono solo esempi: devi essere tu a saper scavare dentro di te per individuare i momenti più importanti. Aggiungi poi anche una, due parole che esprimano il principale sentimento che ha caratterizzato ciascuno dei momenti della tua vita che hai cercato di rappresentare (per es. gioia, amore, rabbia, dolore, inadeguatezza, gelosia, paura, piacere, frustrazione... ecc).

Prenditi tutto il tempo di cui hai bisogno! Ripercorrendo ora la tua storia prova a individuare le principali ferite ricevute, quelle che invece tu hai provocato agli altri, le cose di te che non ti sei perdonato e scrivile nella parte di dietro del tuo cartellone. Aggiungi poi, alla luce di tutta la tua storia, la lista di errori, vizi, povertà, difetti, debolezze, fragilità, aspetti negativi del tuo carattere. Accanto fai anche una lista delle cose che hai realizzato di cui sei fiero, di ciò che stimi di te, dei tuoi pregi, talenti, caratteristiche positive... Cerca ora di accogliere, amare proprio ciò che di te ancora non accetti e impegnati a trasformare le tue caratteristiche negative in positive. Cerca poi di scoprire se riesci a trovare qualcosa di positivo anche negli eventi più negativi. Es: malattia dolorosa e piuttosto lunga...: «mi ha fortificato, mi ha fatto maturare!». La sofferenza vissuta in famiglia... «mi ha reso sensibile verso chi soffre e mi ha spinto a sostenere e aiutare tanti che hanno vissuto o vivono il mio stesso tipo di sofferenza!». La morte di una persona cara: «mi ha fatto scoprire che ogni istante è un dono prezioso e va vissuto in pienezza. Mi ha portato a pormi domande fondamentali che mi hanno fatto scoprire l'importanza della spiritualità per vivere al meglio la mia vita!»... Cerca di trovare un modo per cui tutto ciò che hai messo nella parte di sotto del cartellone, considerandoli quindi eventi negativi, possa passare al di sopra della linea.

Riconciliati con il tuo bambino ferito

Abbiamo dedicato un intero capitolo a dare un volto, un nome, al nostro *bambino ferito*, così lo abbiamo voluto chiamare. Abbiamo cercato di individuare le principali ferite ricevute durante la nostra infanzia per comprendere se e in che misura siano diventate condizionanti. Abbiamo cercato di comprendere quanto il prendere consapevolezza di queste ferite sia molto importante per la guarigione del nostro cuore e per crescere nell'arte d'amare. Non è sufficiente però acquisire consapevolezza, è altrettanto necessario impegnarsi in un percorso interiore che ci consenta di arrivare a una profonda riconciliazione con il bambino ferito che è in noi.

Ripercorrendo le tappe principali della tua vita riguarda ora a te bambino e prova a rivivere gli stati d'animo che hai provato nei momenti in cui ti sei sentito ferito più in profondità. Quali sono le ferite più ricorrenti nella tua infanzia? Quali le più dolorose? Senti che in qualche modo ti hanno condizionato? Ti condizionano ancora?

Ora prova a guardare con immensa tenerezza a quel bambino, al suo dolore, al suo timore. Cosa vive questo bambino? È dispiaciuto perché si sente inadeguato?

Si vergogna perché continua a deludere le aspettative per lui troppo alte dei suoi genitori?

Si sente giudicato, disprezzato, abbandonato, incompreso, tradito, non amato, non sufficientemente forte, vulnerabile, impaurito, indesiderato, incapace di esprimere le sue emozioni, oppresso dal clima di tensione che si respira in famiglia, costretto a elemosinare l'affetto rendendosi sempre disponibile, dimostrando di essere un bravo bambino, perfetto, vincente, forte...? Dai un nome alle ferite principali e ai sentimenti ed emozioni più profondi di quel bambino che sei tu. Cosa faresti per lenire la sua sofferenza, farlo sentire accolto, amato per ciò che è? Prova a rivolgerti al piccolo bambino ferito che è in te con tutto l'amore di cui sei capace. Rivolgiti con tenerezza a quella parte di te che non hai mai più voluto guardare perché troppo doloroso. Apri il tuo cuore a quel bambino. Lo troverai rannicchiato in un cantuccio buio e freddo. Raggiungilo lì dove lo hai lasciato. Rivivi i momenti della tua storia che hanno segnato ferite indelebili, nel tuo-suo cuore, e cerca di fare di tutto per fargli sentire il tuo abbraccio, il tuo amore incondizionato, la tua comprensione per il dolore che prova, per le emozioni che vive in quel momento. Si sente giudicato, disprezzato? Avvolgilo con sentimenti veri di profonda stima. Si sente rifiutato? Accoglilo con grande amore! Si sente impaurito? Donagli fiducia e sicurezza, fallo sentire protetto. Non si sente all'altezza di ciò che gli altri gli chiedono? Credi in lui, aiutalo a guardare e scommettere sulle sue grandi potenzialità. È un piccolo bambino che soffre, ha bisogno di sentire il tuo sostegno, la tua comprensione, la tua stima, tutto il tuo amore. Ha bisogno di riacquistare sicurezza, fiducia nelle sue capacità, di scoprire la sua bellezza, la sua potenziale grandezza, un amore che lo ama per ciò che è, senza se e senza ma. Continua a guardare come non hai mai avuto il coraggio di fare la sofferenza nascosta di quel bambino che sei tu e cerca di fare qualunque cosa ti venga in mente per lenire almeno un po' le ferite del suo cuore. Abbraccialo, riconciliati con lui, non giudicarlo mai più, amalo così come è, con tutto ciò che di lui potrebbe non andarti a genio, non piacerti. L'amore vero è incondizionato, è capace di raggiungere le ferite più profonde per sanarle, trasfigurarle. L'amore è luce e può raggiungere i tuoi "buchi neri" più nascosti: dinanzi alla luce le tenebre perdono la loro forza, svaniscono!

Chiedi perdono a chi hai ferito

Nel ripercorrere la tua vita certamente potrai acquisire maggiore consapevolezza non solo delle ferite che hai subito ma anche di quante persone tu hai ferito a tua volta, magari inconsapevolmente, per mille motivi diversi: per egoismo, rabbia, dolore, rancore, orgoglio, superficialità...

Certamente ci è molto più facile focalizzare la nostra attenzione sulle tante volte che ci siamo sentiti feriti piuttosto che prendere consapevolezza con maturità di quante volte siamo stati noi a ferire gli altri. Probabilmente guardando al tuo bambino ferito avrai focalizzato qualche ferita che hai ricevuto da papà o da mamma. Prova ora però a riflettere anche su quante volte sei stato tu a fare soffrire loro. Quante volte li hai fatti preoccupare, hai risposto male, hai dato per scontati i continui sacrifici che loro hanno fatto per te, per proteggerti, per farti crescere, per mantenerti, per insegnarti tante cose, per farti contento. E tu cosa hai fatto per loro? Come hai espresso loro la tua riconoscenza per i tantissimi sacrifici che hanno fatto per te? Quante volte con i tuoi comportamenti sei stato tu a farli soffrire, a ferirli? Ricordati inoltre che spesso ciò che gli altri non riescono a darci è perché non lo hanno ricevuto. Cerca quindi anche di scoprire come hanno vissuto la loro infanzia e quante ferite a loro volta hanno ricevuto che, probabilmente inconsapevolmente, li hanno portati a ferirti. Se hanno avuto genitori incapaci di esprimere il loro affetto, probabilmente neanche loro saranno stati in grado di farlo con te. Se i loro genitori sono stati troppo severi, critici e hanno dato loro messaggi di poca stima, forse anche loro hanno ripetuto lo stesso errore. Nessun genitore vorrebbe mai fare soffrire i propri figli il più delle volte si arriva a ferire perché si è feriti.

Guarda poi ai tuoi amici. Certamente anche da loro avrai ricevuto qualche ferita più o meno profonda. E tu, nei loro confronti come ti sei comportato? Li hai umiliati facendo il bulletto? Li hai colpiti parlando male di loro, prendendoli in giro, non preoccupandoti delle sofferenze che stavano vivendo? Perché hanno avuto nei tuoi confronti atteggiamenti che ti hanno ferito? Forse anche loro hanno tanta sofferenza accumulata e quindi tanta rabbia?

La tua fidanzata, il tuo fidanzato? Ti ha ferito perché ti ha lasciato/a? Se sì perché ha deciso di lasciarti? Forse anche tu l'avevi ferito/a, tradito/a, trascurato/a fino a portarla a questa decisione? Forse non si sentiva amato/a da te?

Prenditi del tempo per guardare al tuo passato con verità e onestà. Passa in rassegna le tante persone che sono state importanti per te e tu per loro. Quante volte le hai ferite? Magari pensi di non avere ferito nessuno, ma ne sei davvero certo? Riguarda le tante cose che tu hai vissuto, i comportamenti degli altri che ti hanno portato a sentirti ferito e domandati in tutta onestà se anche tu non ti sei comportato nello stesso modo con altri.

Il più delle volte siamo talmente ripiegati su noi stessi che non ci rendiamo neanche conto di quanto feriamo gli altri, con la nostra indifferenza, la nostra poca attenzione a ciò che per loro è importante, la nostra incapacità di ascoltarli, di passare del tempo di qualità con loro, con le nostre continue osservazioni, rimproveri, giudizi, arrabbiature, con la mancanza di rispetto nei loro confronti, con le nostre pretese, con l'invidia, la gelosia, la pigrizia, con l'arroganza, il sarcasmo, con atteggiamenti di superiorità, di superficialità, di sfida, con frecciate tirate ad arte, con il nostro cercare un tornaconto nelle relazioni, "usare e gettare" le persone quando non servono più al raggiungimento di qualche obiettivo...

Non si tratta certo di vedere chi ha ragione o chi ha torto ma semplicemente prendere consapevolezza che gli errori non li fanno solo gli altri ma anche noi. Quel che è più sicuro è che non possiamo cambiare gli altri e le situazioni che abbiamo vissuto nel passato, ciò che invece possiamo sempre decidere di migliorare siamo noi stessi e noi possiamo sempre scegliere di imparare dagli errori fatti per decidere quali scelte fare oggi per vivere al meglio il presente, riconciliati, in armonia con tutti, con noi stessi, con Dio.

Sono tantissimi i nostri comportamenti che possono arrivare a ferire in profondità gli altri e non sempre ci viene detto. È piuttosto difficile fare verità su noi stessi per prendere consapevolezza di quante volte siamo stati noi a ferire gli altri e non solo loro a ferire noi. Anzi, il più delle volte chi ci ferisce non sta facendo altro che rispondere a qualcosa che ha subìto da noi e di cui magari non abbiamo la minima consapevolezza. *Prova a capire quante volte sei stato tu a ferire le persone che ti vogliono bene e poi impegnati a fare un altro passo difficile ma davvero "magico": abbi il coraggio, la forza, di chiedere perdono!* Niente come la capacità di perdonare e di chiedere perdono sana le ferite degli altri e del nostro cuore, riconciliandoci in profondità con le persone che di fatto amiamo e ci amano ma da cui per mille motivi ci siamo allontanati. Riscopri la bellezza di riconciliarti con i tuoi fratelli!

«Se dunque presenti la tua offerta sull'altare e lì ti ricordi che tuo fratello ha qualche cosa contro di te, lascia lì il tuo dono davanti all'altare e va' prima a riconciliarti con il tuo fratello e poi torna a offrire il tuo dono» (Mt *5, 23-24).*

Perdona le persone che ti hanno ferito

Non è sufficiente chiedere perdono a Dio, riconciliarti con il tuo bambino ferito, chiedere perdono alle persone che hai ferito, perdonare te stesso, è assolutamente fondamentale arrivare a perdonare pienamente tutte le persone da cui ci siamo sentiti profondamente feriti e non permettere mai a neanche a una goccia di rancore di dimorare nel nostro cuore. «*Perdonate, perché anche il Padre vostro che è nei cieli perdoni a voi*» (*Mt* 11,25).

Tante volte mi sono sentita rispondere: «No Chiara, mi dispiace ma proprio non ce la posso fare! Dimmi tutto ma non chiedermi di perdonare questa persona: non ci riuscirò mai, mi ha fatto soffrire troppo!».

È una risposta normale perché è davvero difficile perdonare chi ci ha ferito in profondità. Il nostro cuore tende a entrare in automatico sulla difensiva e si chiude nei confronti di quella persona per evitare di subire un'altra ferita. Il fatto è che, il più delle volte, serbando rancore verso qualcuno, siamo convinti che così almeno gli stiamo facendo pagare il male che ci ha fatto. Non ci rendiamo conto che invece con il rancore che continuiamo a serbare nel cuore non stiamo facendo altro che dare alla persona che ci ha ferito il potere di continuare a farci stare male e di privarci delle mille possibilità che la vita ci offre per tornare a essere felici, nonostante i colpi subiti. Il rancore non si limita semplicemente ad allontanare da noi chi ci ha fatto stare male, continua a rendere presente ciò che ci ha ferito nel passato prolungando così la nostra sofferenza. Ci sono persone che quando si sentono ferite sono capaci di tenersi il broncio per un mese, di evitarsi per un anno o addirittura di non parlarsi più.

*«Siate benevoli gli uni verso gli altri, misericordiosi, perdonandovi a vicenda come Dio ha perdonato a voi» (*Ef *4, 32).*

Se solo riuscissimo a renderci conto di quanto bene fa al nostro cuore perdonare e chiedere perdono agli altri saremmo tutti molto più felici. Non è assolutamente vero quando diciamo a noi stessi che non possiamo, non riusciamo a perdonare. È solo una sensazione, una scusa che ci creiamo per evitare di fare un passo che indubbiamente è difficile.

In realtà è tutta una questione di amore e l'amore vero non è semplicemente un sentimento che scaturisce o meno dal nostro cuore, l'amore è un'arte da imparare con grande impegno e dedizione. Siamo istintivamente egoisti e tutto in questa società ci porta a esserlo ancora di più. Spesso anche quando ci sentiamo decisamente altruisti di fatto il nostro amore non è del tutto disinteressato, è spesso inquinato da una sottile ricerca di un tornaconto personale, fosse solo la ricerca della stima degli altri, il desiderio di sentirci apprezzati, accettati. Per imparare ad amare con un cuore puro, incondizionatamente e senza alcun interesse è fondamentale continuare a esercitarci e rafforzare la nostra volontà nel volere bene a tutti.

Così è anche per il perdono. Non si tratta di qualcosa che scaturisce spontaneamente dal cuore, ci vuole tanta volontà, bisogna voler perdonare chi ci ha ferito. Più scopriremo i frutti meravigliosi che scaturiscono dal saper chiedere perdono, dal perdonare e dal sentirsi perdonati, più aumenterà la nostra capacità di farlo.

Da anni ormai mi impegno con tutta me stessa a non permettere mai al rancore di dimorare nel mio cuore e cerco di non lasciare passare neanche un attimo senza avere perdonato chi mi ferisce. Quando vivi in mezzo a persone ferite non è facile, sono portate inconsciamente a ferire perché piene di rabbia, di dolore e il più delle volte neanche si accorgono di quanto le loro parole taglienti, i loro atteggiamenti feriscono chi sta cercando di volere loro bene. Certo è tutt'altro che facile donare amore gratuitamente per poi sentirsi pugnalati alle spalle, ma ho imparato, dopo anni di esercizio, che non devo mai lasciare passare la sera senza essermi riconciliata pienamente con chi mi ha ferito o magari si è sentito ferito da me. Prima pensavo che fosse sufficiente che io perdonassi di vero cuore senza necessariamente dovermi chiarire con la persona da cui mi ero sentita ferita. Ma poi ho scoperto che non è così. Bisogna sempre aggiungere al perdono il coraggio della verità, sia per crescere nella capacità di conoscersi e di volersi bene, sia perché le cose non chiarite tendono spesso a lievitare silenziosamente e a creare dei muri che ci allontanano dagli altri. Inoltre è importante non indurre le persone estremamente egoiste e narcisiste a pensare che, visto che tanto noi le perdoneremo ancora possono arrogarsi il diritto di ferirci tutte le volte che la giornata non gli va per il verso giusto o non rispondiamo alle loro assurde pretese nei nostri confronti. Perdono, dialogo, verità e chiarezza devono sempre viaggiare insieme se vogliamo vivere in armonia con le persone con cui ci relazioniamo e che diciamo di amare o affermano di amarci.

Non privarti della gioia della comunione e delle relazioni vere che scaturiscono dalla capacità di chiedere e donare il per-dono che è davvero un immenso dono. Più lo scopri più, per quanto ti costi, non saprai più fare a meno di perdonare e di chiedere perdono. All'inizio ci vorrà tantissima forza di volontà, preghiera (aiuta tantissimo a trovare la forza di perdonare quando ci sembra impossibile), allenamento, ma poi, con il passare del tempo, diventerà sempre più facile, naturale, spontaneo.

La preghiera del cuore

La preghiera è un aiuto unico per potere avere la luce necessaria per riconoscere le tante persone che ancora non abbiamo perdonato, i tanti errori, difetti, debolezze, che non ci siamo perdonati, le tante ferite che noi abbiamo inferto agli altri, magari più o meno inconsapevolmente. La preghiera non solo ci dona discernimento per guardare a noi stessi, alla nostra storia, agli altri in verità, ma ci dona anche la forza necessaria per riuscire a perdonare ciò che ci ha segnato in profondità e che ancora facciamo fatica a riconoscere e ad accettare. La preghiera non ha niente a che vedere con il recitare distrattamente e ripetitivamente alcune preghiere imparate a memoria. La preghiera vera, contemplativa, ci permette di entrare in comunione con Dio e di fare esperienza del suo Amore infinito, Luce purissima. Grazie alla preghiera del cuore possiamo immergerci nell'abbraccio di tenerezza di Dio, nell'oceano infinito della sua misericordia perfettissima, che ci rinnova e trasfigura le nostre ferite più profonde. È un'esperienza così meravigliosa e rigenerante che non la può comprendere se non chi l'ha provata.

Il più delle volte abbiamo proprio bisogno della Luce dello Spirito Santo per entrare nei nostri buchi neri e guardare ciò che abbiamo voluto rimuovere perché troppo doloroso. Abbiamo bisogno di fare l'esperienza della misericordia di Dio per essere a nostra volta misericordiosi con noi stessi e con gli altri. Abbiamo bisogno della forza dello Spirito Santo per riuscire a perdonarci e a perdonare tutto ciò che con le sole nostre forze ci sembra impossibile riuscire a perdonare. Lo Spirito Santo è il consolatore capace di portare consolazione proprio là dove nessuno lo può fare. È il dolce balsamo dell'anima capace di lenire, trasfigurare le nostre ferite più profonde e dolorose.

Ci sono ferite che solo il «medico dei medici», Colui che ha creato il nostro cuore, può guarire ed è proprio grazie alla preghiera del cuore che possiamo permettere, a Colui che tutto può, di portare guarigione nei meandri più reconditi delle ferite del nostro cuore. Gesù è Colui che ci guarisce solo se apriamo la nostra anima al suo Amore lui potrà «fasciare le piaghe dei nostri cuori spezzati, ridonarci la vista, spezzare le mille catene», di dipendenze che ci hanno imprigionato, trasfigurare tutto ciò che abbiamo sfigurato. Se non hai mai pregato e se non sai da dove iniziare prova semplicemente ad aprire il tuo cuore all'amore di Dio e chiedi il dono dello Spirito Santo. La preghiera è un'arte tutta da imparare ma assolutamente fondamentale per potere vivere al meglio ogni attimo di quest'unica vita che ci è stata regalata. Se pensi possa esserti di aiuto, nel libro *Dialogare con Dio*, che ho scritto per condividere con più persone possibile alcune scoperte che per me sono state fondamentali per scoprire la bellezza e la potenza della preghiera del cuore, potrai trovare un manuale pratico ricco di suggerimenti concreti, per crescere nell'arte della preghiera del cuore.

Scopri la forza della gratitudine

Un altro potente balsamo per le ferite del cuore è la gratitudine. Purtroppo siamo sempre più ego-centrati perché ci nutriamo continuamente di narcisismo, consumismo, edonismo, egoismo, indifferenza. Cresciamo nella società del «*tutto subito*», «*il mondo ruota intorno a me*», «*tutto mi è dovuto*», e quasi non siamo più né abituati, né capaci, di gratitudine. Non sappiamo essere riconoscenti, né tanto meno sappiamo dire grazie di cuore.

Non c'è capacità di amare se non si è capaci di essere riconoscenti e di esprimere la nostra gratitudine. Molti tendono a sentirsi sminuiti se ringraziano qualcuno, è come se l'orgoglio lo impedisse: «Io non ho bisogno di niente e di nessuno!»; «Me la sono sempre cavata da solo e voglio continuare a farcela da solo!... Di cosa mai dovrei ringraziare gli altri?»; «Gli altri sono avversari con cui competere, vincere, fare valere le mie ragioni, sono funzionali al raggiungimento dei miei obiettivi, sono persone da cui devo difendermi, *mors tua vita mea*, devo dimostrare la mia superiorità, mi devono temere, devono saper rispondere con prontezza ai miei bisogni, alle mie pretese, alle mie aspettative... di cosa mai dovrei essere grato? Sono gli altri piuttosto che mi dovrebbero ringraziare per tutto ciò che faccio!...».

Ho avuto la fortuna di crescere in una famiglia dove una delle prime parole che mi sono state insegnate è stata proprio grazie e devo dire che questo mi è stato davvero di grande aiuto nello scoprire quante cose non ci sono affatto dovute ma sono un dono gratuito che riceviamo e di cui è bello sapere essere riconoscenti. Ho avuto fin da piccola la grazia di scoprire la bellezza della gratitudine e la gioia che fiorisce da un grazie che ti viene regalato con tutto il cuore. Siamo sempre tutti pronti a giudicarci, a criticarci, a puntare il dito su ciò che non va, ma quanto è bello accorgersi di ciò che gli altri fanno per noi e ringraziarli. Quanto bello è quando gli altri si accorgono di ciò che facciamo per amore loro ed esprimono con un grazie la loro gioia nell'essersi sentiti amati da noi.

Tante volte in comunità ho fatto fare ai ragazzi l'esercizio del perdono e del grazie. Ho cioè chiesto alle persone di un determinato gruppo di prendersi un'ora di tempo per fermarsi a due a due e dire all'altro una serie di grazie per le cose belle, e chiedere perdono per gli errori fatti, poi viceversa. Per poi farlo con più persone possibili del gruppo e continuare a farlo anche dopo l'ora dedicata all'esercizio.

Quanta grazia, gioia, guarigione ogni volta scaturisce da questo semplice scambio di gratitudine e di richiesta di perdono. Ogni grazie, ogni perdono donato e ricevuto è una nuova goccia di balsamo che va a lenire e sanare quelle ferite profonde che ormai sembravano essere incurabili.

Ora prova a ripercorrere, guardando il tuo cartellone, tutta la tua storia e prenditi del tempo, molto tempo, per ringraziare Dio per tutte le cose belle che ti sono state donate. Forse non le hai mai sapute vedere ma stai pur certo che sono tante. Il dono della vita: alcuni ne sono stati privati fin nel grembo materno. Il dono di vedere, di sentire di camminare, di non avere alcuna disabilità. La salute. Niente è scontato. Molti non hanno ricevuto questi importantissimi doni oppure per tristi eventi ne sono stati privati. Il dono di una mamma, un papà, una famiglia, dei fratelli, degli amici, un'infanzia spensierata. La bellezza dei tanti tramonti contemplati, del firmamento, del canto degli uccelli, i meravigliosi concerti della creazione. I tanti avvenimenti belli che abbiamo vissuto e che ci hanno regalato attimi di profonda felicità. I momenti difficili che ci hanno fortificati e temprati. Le persone che abbiamo conosciuto e che ci hanno voluto bene. Le tante caratteristiche positive, talenti, che ci sono stati donati. Le moltissime cose belle che gli altri hanno fatto per noi, i sorrisi che ci hanno donato, le attenzioni, l'affetto, le parole di conforto, la loro vicinanza, la loro amicizia...

Prenditi tempo per stilare una lista dettagliata dei tanti regali che la vita ti ha fatto. Poi prenditi ancora tempo e aggiungi sempre qualcosa di nuovo alla tua lista. Se hai un cuore contemplativo scoprirai che la lista non ha fine perché tutto è dono, tutto è grazia, tutto è opportunità di crescita, tutto è una nuova possibilità di stupore. Non stanchiamoci mai di ringraziare! È un esercizio davvero di grandissima importanza che ci aiuta a focalizzare la nostra attenzione sui tantissimi regali che riceviamo e verso i quali il più delle volte ci riveliamo irriconoscenti e distratti. In un mondo in cui tutto ci porta a focalizzare l'attenzione su ciò che non va, sul male, sulla cronaca nera, sulle tragedie, i drammi, il gossip, gli scandali, le violenze, l'odio... abituiamoci a guardare al bene, al bello, al positivo. Imparare l'arte della gratitudine è un altro passo fondamentale per la guarigione del nostro cuore, per crescere nell'amore e per diventare più felici. Abituati a ringraziare sempre per tutto ciò che di bello ti è stato donato!

«In ogni cosa rendete grazie; questa è infatti la volontà di Dio!» (1 Ts *5, 18).*

Valorizza il positivo delle persone che frequenti

Se è molto utile dedicare ogni giorno del tempo alla preghiera di ringraziamento, (nel caso che non si abbia il dono della fede a essere riconoscenti per tutte le cose belle che la vita ci regala), è altrettanto importante imparare a guardare il positivo delle tante persone con cui ci relazioniamo e ringraziarle per le cose belle che fanno, per le loro caratteristiche positive, crescere nella stima reciproca. A volte basta un litigio, una parola sbagliata, un giudizio, una mancanza, per rompere con qualcuno. È come se la sofferenza per il torto ricevuto avesse il potere in un attimo di cancellare completamente dalla nostra mente tutti i momenti belli che ci legano a quella persona: «*No! Questa proprio non me la doveva fare! Come ha potuto dire quella cosa, criticarmi, alzare il tono così con tutto ciò che io faccio per lei/lui!*». Così decidiamo di metterci una pietra sopra, ci sentiamo offesi a morte, non vogliamo più saperne niente... spesso non diamo neanche all'altro la possibilità di spiegarci le motivazioni del comportamento che ci ha ferito... «*Non doveva farlo e basta!*» Ci chiudiamo e non ne vogliamo sapere più niente.

In effetti è un po' un'assurdità ma troppe volte succede che chiudiamo interiormente o anche definitivamente con qualcuno, semplicemente perché riteniamo che non doveva assolutamente permettersi di farci quel torto. Il più delle volte per orgoglio si resta totalmente accecati da quello che viene considerato un torto inaccettabile e in un attimo ci si dimentica dei tanti momenti belli vissuti insieme. Succede spesso purtroppo che fratelli, amici, fidanzati, vicini, di casa, compagni di scuola... non si rivolgono più la parola! A volte per una sola ferita profonda, altre magari per una stupidaggine, o una banale incomprensione. Ma noi ci siamo sentiti colpiti e questo ci fa sentire in diritto di rompere definitivamente con qualcuno. Non ci rendiamo conto però che questo assurdo comportamento porterà solo tanta ulteriore sofferenza nella nostra vita e in quella della persona con cui decidiamo di chiudere.

Prova allora ora, dopo avere chiesto perdono, avere perdonato, esserti lasciato raggiungere dal perdono, dalla misericordia di Dio, a focalizzare tutta la tua attenzione sulle tante cose belle che gli altri hanno fatto per te. Non accontentarti di chiedere perdono e di perdonare ma ringrazia anche per le tante cose belle che gli altri, anche le persone che ti hanno ferito, in passato hanno fatto per te. Imparare a dire grazie, a focalizzare lo sguardo sul positivo invece che sul negativo. È un grande aiuto per custodire relazioni significative e per non permettere agli errori che tutti facciamo nel rapportarci agli altri, di dividerci dalle persone a cui vogliamo bene e che a loro volta ci vogliono bene (anche se non sempre sono in grado di dimostrarcelo così come noi desidereremmo).

Fai questo esercizio ripensando a tutte le persone significative della tua vita e inizia a scrivere una lista di ringraziamento con tutte le loro caratteristiche positive, i momenti belli vissuti insieme e le tante cose che hanno fatto per dimostrarti il loro affetto, magari a modo loro. Una volta scritta questa *white list* relativa a tutte le persone importanti della tua vita, sarebbe davvero di grande aiuto iniziare a dire anche a ciascuna di loro tutti quei grazie che per orgoglio o semplicemente per incapacità non sei mai stato in grado di dire.

È incredibile sperimentare come a volte un semplice grazie può sciogliere muri che sembravano invalicabili, nel nostro cuore o nel cuore di persone che si sono allontanate da noi e sanare ferite profonde e dolorose. Non c'è niente di più bello che crescere nella capacità di stimarsi reciprocamente trovando il modo di esprimerla ogni giorno a parole e a fatti.

«Amatevi gli uni gli altri con affetto fraterno, gareggiate nello stimarvi a vicenda» (Rm *12, 10).*

Scorgi il filo d'oro nascosto in ogni evento doloroso

Dopo esserti esercitato per almeno un mese nel riconciliarti con la tua storia, con il tuo *bambino ferito*, con le persone che ti hanno ferito e che hai ferito, cerca ora di fare un ulteriore passaggio, difficile ma importante. Ritorna al tuo cartellone della vita, alle varie liste che man mano hai compilato e integrato, guarda alla parte al di sotto della linea, là dove hai rappresentato cronologicamente gli eventi più dolorosi e prova a ringraziare anche per quelli. In tutto ciò che viviamo di doloroso ci può sempre essere anche qualcosa di positivo, di prezioso, un filo d'oro che intesse ogni istante della nostra vita, sta a noi scorgerlo, trovare il modo per trasformare in positivo ciò che apparentemente è solo negativo. «*Tutto concorre al bene di coloro che amano Dio*» (*Rm* 8, 28).

L'oro si forgia nel fuoco, si purifica nel crogiolo e così è per la nostra anima. Il dolore, per quanto vorremmo sempre evitarlo, fa parte della nostra vita e dobbiamo quindi imparare a viverlo al meglio!

Abbiamo già sottolineato in precedenza che non è tanto ciò che viviamo che ci porta a stare male ma il come noi decidiamo di vivere i vari eventi e situazioni difficili che di volta in volta ci troviamo a dovere affrontare. Se molte volte non abbiamo nessuna possibilità di cambiare le situazioni vissute, abbiamo sempre però la possibilità di cambiare il modo con cui decidiamo di vivere un determinato evento (che sia bello o brutto) e di reagire a ciò che gli altri fanno. *Abbiamo sempre un margine interiore di spazio, di libertà in cui è proprio ciò che noi decidiamo di fare o di essere che fa la vera differenza. Abbiamo sempre e comunque la possibilità di non subire passivamente gli eventi dolorosi ma di decidere cosa fare per trasformare ogni difficoltà in una nuova opportunità...* in tutte le situazioni possiamo individuare infinite possibilità di scelta per viverle al meglio, è tutta questione di allenamento. Ci sono persone che vivono situazioni davvero drammatiche eppure hanno una forza interiore tale che non perdono mai il sorriso, la speranza, l'ottimismo, la capacità di sostenere e incoraggiare gli altri. Altre che basta un niente e subito si sentono sprofondare nella depressione, incapaci di reagire.

Le potenzialità racchiuse nel nostro spirito sono infinite e non basta una vita intera per scoprirle tutte e metterle a frutto. Prova allora a ripercorrere anche tutti gli eventi dolorosi del passato e a cercare la modalità migliore per trarci qualcosa di positivo oggi. Magari allora hai subito passivamente quella situazione, ti sei sentito prostrato per mesi dal peso di una croce che ti è parsa importabile. Ma riguardando oggi a quei momenti dolorosi, qual è la scelta migliore che puoi fare? Puoi ad esempio decidere se continuare a rimuginare a lungo sul dolore vissuto, prendendotela con la vita, con te stesso, con il destino, con chi ti ha fatto soffrire... ma questo non farà altro che amplificare un dolore che ormai appartiene al passato. Oppure potrai cercare di scoprire se c'è qualcosa che puoi imparare da quanto hai vissuto di doloroso per affrontare al meglio nuove difficoltà oggi. Potrai ancora verificare se quella sofferenza ti ha aiutato a maturare, ti ha reso più sensibile e attento verso chi soffre, se ti ha reso più forte.

E se proprio allora non sei riuscito a tirare fuori niente di positivo da quella situazione, sforzati di trovarlo oggi. Non c'è niente di ciò che vivi che sia esclusivamente negativo, ma sta a te, solo a te, riuscire a scorgere il filo d'oro o quanto meno cercare di imparare dal passato, per quanto difficile o terribile sia stato, qualcosa che ti permetta di vivere meglio il presente.

«Considerate perfetta letizia, miei fratelli, quando subite ogni sorta di prove, sapendo che la prova della vostra fede produce la pazienza. E la pazienza completi l'opera sua in voi, perché siate perfetti e integri, senza mancare di nulla» (Gc 2, 4).

Scheda esercizi

Domande di approfondimento (rispondi per iscritto)

- Serbo qualche piccolo o grande rancore nei confronti di qualcuno che mi ha ferito?
- Quando ricevo qualche ferita cerco di perdonare subito e di chiarirmi con la persona che mi ha ferito?
- Mi sono lasciato raggiungere e rinnovare dalla misericordia infinita di Dio?
- Se provo a ripercorrere in preghiera tutta la mia storia, quali sono le cose principali di cui devo chiedere perdono a Dio?
- Qual è la mia principale radice di peccato che mi impedisce di rimanere nel suo Amore?
- Quali sono i vizi, gli eventi, gli atteggiamenti, i comportamenti, le azioni e le omissioni, le abitudini disordinate che più mi caratterizzano?

• Quali sono le cose che faccio fatica o non riesco a perdonare a me stesso? Fare un elenco preciso di fatti e situazioni concrete.

• Quali sono le cose di me e della mia storia, le mie caratteristiche, difetti, errori ricorrenti che ancora non riesco ad accettare?

• Se dovessi esprimere a me stesso cosa penso di me, cosa direi?

• Che cosa non mi piace e non stimo di me? Quali sono le mie principali zone d'ombra?

• Quali sono le parti di me che faccio fatica ad accettare, a riconoscere, a esprimere, ad amare?

• Quali sono gli episodi dolorosi della mia storia che mi hanno segnato più in profondità?

• Quali sono le ferite più ricorrenti nella mia infanzia? Quali le più dolorose?

• Sento che in qualche modo mi hanno condizionato? Mi condizionano ancora?

• Quali sono gli atteggiamenti degli altri che non riesco proprio a sopportare e mi fanno arrabbiare di più? Perché?

• Guarda al tuo bambino ferito, cosa pensa, cosa prova?

• Cosa puoi fare per farlo sentire accolto, amato?

• Guarda la sofferenza nascosta di quel bambino che sei tu e cerca di mettere tutto il tuo impegno per riuscire a portare almeno un po' di sollievo alle ferite del suo cuore. Abbraccialo, riconciliati con lui, non giudicarlo più.

• Passa in rassegna le tante persone che sono state importanti per te e tu per loro. Quante volte le hai ferite? Come?

• Il più delle volte chi ci ferisce non sta facendo altro che rispondere a una ferita che ha subito da noi e di cui magari non abbiamo la minima consapevolezza. Prova a capire quante volte sei stato tu a ferire le persone che ti vogliono bene e poi impegnati a fare un altro passo difficile ma davvero "magico": abbi il coraggio, la forza, di chiedere perdono!

• Quali sono le persone da cui ti sei sentito/a ferito/a più profondamente?

• Che cosa ti ha ferito di più di ciò che hanno fatto? Perché?

• Hai perdonato pienamente tutte le persone da cui ti sei sentito profondamente ferito?

• C'è qualcosa o qualcuno che ancora non sei riuscito a perdonare?

• Se hai la sensazione di non potere perdonare qualcuno perché ti ha fatto troppo male ricordati che il perdono è questione di volontà non di sentimento. Se serbi del rancore stai soltanto permettendo a quella persona di farti stare ancora male. Perdona.

• Quanto tempo dedichi alla preghiera? Hai imparato a pregare? Riesci a sperimentare la luce, la forza, la pace, la gioia che scaturiscono dalla preghiera del cuore?

• Ripercorri la tua storia e metti per iscritto tutti i doni che hai ricevuto, le cose belle che hai vissuto, le persone che ti hanno voluto bene... e ringrazia Dio. Continua ad aggiornare quotidianamente la lista dei tuoi grazie.

• Scrivi una lista di tutte le cose belle che gli altri (comprese le persone da cui ti sei sentito ferito) hanno fatto per te e ringraziali.

• Non lasciare passare nessuna giornata senza avere ringraziato Dio e le persone con cui ti relazioni.

• Impegnati a guardare a quanto c'è di positivo in ogni persona e a esprimere la tua stima a tutti.

• Ripercorri guardando il tuo cartellone gli eventi dolorosi della tua storia e cerca la modalità migliore per individuare qualcosa di positivo. C'è qualcosa che puoi imparare da quanto hai vissuto per affrontare meglio nuove difficoltà oggi? Quella sofferenza che hai vissuto ti ha aiutato a maturare, ti ha reso più sensibile e attento verso chi soffre, ti ha reso più forte?

• Non c'è niente di ciò che vivi che sia esclusivamente negativo: sta a te, solo a te, riuscire a scorgere il filo d'oro o quanto meno cercare di imparare dal passato, per quanto difficile o terribile sia stato, qualcosa che ti permetta di vivere meglio il presente.

Parola di luce. Esperienza risanatrice

«Non giudicate e non sarete giudicati; non condannate e non sarete condannati; perdonate e vi sarà perdonato» (Lc *6, 37).*

«Siate misericordiosi, come è misericordioso il Padre vostro» (Lc *6, 36).*

«Se dunque presenti la tua offerta sull'altare e lì ti ricordi che tuo fratello ha qualche cosa contro di te, lascia lì il tuo dono davanti all'altare e va' prima a riconciliarti con il tuo fratello e poi torna a offrire il tuo dono» (Mt *5, 23-24).*

«Perdonate, perché anche il Padre vostro che è nei cieli perdoni a voi» (Mt *11, 25).*

«Siate benevoli gli uni verso gli altri, misericordiosi, perdonandovi a vicenda come Dio ha perdonato a voi» (Ef *4, 32).*

«In ogni cosa rendete grazie; questa è infatti la volontà di Dio!» (1 Ts *5, 18).*

«Amatevi gli uni gli altri con affetto fraterno, gareggiate nello stimarvi a vicenda» (Rm *12, 10).*

«Considerate perfetta letizia, miei fratelli, quando subite ogni sorta di prove, sapendo che la prova della vostra fede produce la pazienza. E la pazienza completi l'opera sua in voi, perché siate perfetti e integri, senza mancare di nulla» (Gc *2, 4).*

Passaggi fondamentali

- Dal rancore al perdono.
- Chiedere perdono a Dio.
- Chiedere perdono alle persone che abbiamo ferito.
- Perdonare noi stessi.
- Accogliere il nostro bambino ferito.
- Riconciliarci con la nostra storia.
- Perdonare chi ci ha ferito. Perdonare tutti.
- Imparare a ringraziare sempre Dio e le persone con cui ci relazioniamo.
- Cercare il positivo presente in ogni persona e abituarci a esprimere agli altri la nostra stima.
- Individuare ciò che possiamo trovare/imparare di positivo dagli eventi dolorosi che abbiamo vissuto.

9
L'AMORE
Potente balsamo di guarigione

Lasciati raggiungere dall'amore

Abbiamo sottolineato più volte che l'amore resta la medicina più importante, l'unica capace di guarire ferite che lasciano nel nostro cuore cicatrici indelebili.

Il punto è che, al di là delle diverse ferite subite, *tutti*, non solo abbiamo bisogno di amore – ed esso costituisce il nutrimento vitale del nostro cuore – ma *abbiamo bisogno di fare l'esperienza di un amore incondizionato, che ci ami per ciò che siamo*! Di fatto però, per quanto ci diamo da fare per elemosinare un po' di riconoscimenti, di affetto, di approvazione... il più delle volte l'amore che ci viene dato è condizionato ed è per questo che diventa in qualche modo condizionante.

Solo quando siamo appena nati ci sentiamo riempiti di ogni tipo di attenzione e facciamo l'esperienza di essere al centro dell'amore dei nostri genitori a prescindere da ciò che facciamo. Poi iniziano molto presto i sottili ricatti affettivi da parte nostra – tutti da bambini impariamo con grande velocità come fare a manipolare gli altri pur di ottenere ciò che vogliamo – e da parte delle persone che ci amano.

Il più delle volte purtroppo, quel meraviglioso: «ti amo così come sei e per ciò che sei», si trasforma in: «ti amo se...

fai il bravo, ti impegni, non mi fai arrabbiare, sei brillante, intelligente, se non mi disturbi, se sei un vincente, se non piangi, se fai sempre quello che ti dico, se rispondi alle mie aspettative...».

Impariamo, come abbiamo visto nei capitoli precedenti, a mostrare agli altri ciò che si aspettano da noi, costruiamo il nostro *io ideale*, in cui tendiamo a identificarci, ci lasciamo condizionare dal nostro *io limitante*, spesso siamo in balìa *dell'io passionale*, di ciò che ci piace, delle passioni, pulsioni, dipendenze, ci rifiutiamo di guardare al nostro *bambino ferito*, che cerca di farsi spazio con la sua sofferenza e le sue esigenze. Iniziamo a indossare le *maschere* più adatte alle varie situazioni e persone con cui ci troviamo a interagire, abbiamo bisogno di sentirci accettati e vogliamo evitare la sofferenza di sentirci giudicati, rifiutati, presi in giro, isolati. Spesso però pur di ottenere l'affetto degli altri e rispondere alle loro aspettative, perdiamo noi stessi.

In realtà tutti noi facciamo l'esperienza dell'amore vero solo quando ci sentiamo amati per ciò che siamo realmente, con tutti i nostri limiti, fragilità, povertà... e non per ciò che possiamo permetterci di mostrare di noi.

La brava mogliettina e mamma, ad esempio, che si fa sempre in quattro per rispondere alle pretese di tutti e non trova mai un momento per sé, all'inizio si sente amata e non può fare a meno di essere sempre servizievole ma, se continua per tutta la vita a mettere un coperchio sui suoi bisogni più vitali, per lasciarsi ricattare affettivamente dalle mille richieste e pretese di tutti, prima o poi con tutta probabilità dovrà fare i conti con il suo avere fatto di tutto per ricevere l'affetto degli altri per poi ritrovarsi di fatto a non sentirsi amata davvero. Inizia ad avvertire un'ansia, un malessere, una frustrazione crescenti. Arriva spesso un momento in cui la persona sempre disponibile e servizievole inizia a stancarsi di sentirsi trattata come quella che deve esserci sempre per tutti ma che poi, quando è lei ad avere bisogno, gli altri puntualmente non ci sono per lei, anzi continuano a pretendere e si arrabbiano se per qualche motivo lei non si mostra più attenta nei loro confronti come lo era sempre stata.

Anche nel caso dell'innamoramento all'inizio ti senti al settimo cielo pronto a qualunque pazzia per la persona amata. Nel primo periodo sei elettrizzato dall'amare tutto della persona di cui sei innamorato e dal sentirti accettato, amato in tutto ciò che sei, con i tuoi pregi e difetti. Cammini a dieci passi da terra e vedi l'altro e il mondo a colori. Per un periodo non ci sono più zone d'ombra, tutto è illuminato dal sole dell'amore che risplende di mille colori. Ami il disordine dell'altro, la sua sbadataggine, il suo essere pensieroso, cupo, sorridente, il suo modo di parlare anche se un po' timido o impacciato... qualunque cosa l'altro faccia diventa interessante e aggiunge qualcosa a quel profondo fascino che lo caratterizza. È sempre più presente nei pensieri, nel cuore, in ciò di cui si parla, si sogna... lo amiamo incondizionatamente e tutto sembra così bello e perfetto. Quando però l'innamoramento inizia a perdere la sua forza, tante caratteristiche dell'altro iniziano a infastidire. Da attraenti diventano irritanti e se l'innamoramento non è maturato in amore vero, si risprofonda nelle tante ferite dell'amore limitato e condizionato, dei continui ed estenuanti ricatti affettivi. Torna con prepotenza quell'orribile «ti amo ma, ti amo se...»; «tu non mi ami più perché... non sei abbastanza attento a me, non mi capisci, non ti accorgi di come sto, non trascorri più tempo con me, sei sempre preso dal lavoro, non mi stimi, non dai valore a ciò che faccio...». Sembra un paradosso: tutti abbiamo bisogno di sentirci amati per ciò che siamo, con tutti i nostri limiti, e quasi tutti cadiamo nella trappola di donare amore «solo se...», di sentirci amati davvero solo se l'altro fa proprio quello che noi vorremmo che facesse per noi, che il più delle volte non è affatto così scontato da indovinare, se non ci decidiamo a dire con semplicità ciò di cui sentiamo più bisogno e ciò che ci ferisce. Pretendiamo che l'altro ci arrivi da sé ma spesso si è tanto diversi per cui ciò che noi riteniamo assolutamente ovvio non lo è affatto per l'altro, perché le modalità di esprimere il proprio amore e di sentirsi amati il più delle volte sono differenti. Ecco allora che la ferita ancestrale si riapre: «non ci sentiamo amati per ciò che siamo ma solo nella misura in cui riusciamo ad apparire, dimostrare, fare, ciò che gli altri si aspettano da noi».

Anche se troppo spesso l'affetto che si riceve è condizionato si tratta comunque di gocce vitali a cui non si è disposti a rinunciare e si continua a fare di tutto pur di poterlo ricevere.

Con il passare del tempo però il malessere cresce, perché siamo creati per donare amore e riceverlo nella profondità del nostro essere, incondizionatamente, liberi da ogni possibile ricatto affettivo reciproco. E così, per non soffrire nuovamente, rinforziamo le difese, alziamo le nostre saracinesche, muri, corazze sul cuore. Questo ci protegge dalla vulnerabilità dell'amore, dal ricevere nuove dolorose ferite, ma ci priva anche della possibilità di lasciarci raggiungere dall'amore di chi desidera amarci davvero, con tutti i nostri limiti e povertà.

Decidere di lasciarsi nuovamente raggiungere dall'amore di qualcuno, una volta che si è chiuso il cuore, è una decisione tutt'altro che facile da prendere. Sta di fatto che se rinunciamo a lasciarci raggiungere dall'amore, moriamo lentamente, perché senza amore non c'è gioia, colore, entusiasmo, pace, vita. Tutto si spegne e perde significato!

È necessario crescere nella consapevolezza che così come il nostro modo di amare non è perfetto lo stesso vale per gli altri. Nel dialogo sincero e continuo si può crescere, maturare insieme, imparare sempre di più cosa rende felice l'altro e cosa lo ferisce ed è possibile anche mettere l'altro nella condizione di capire più profondamente che cosa ci fa sentire davvero amati e che cosa invece tende a farci sentire feriti.

Non sarà mai perfetto né l'amore che noi doniamo agli altri, né quello che gli altri riescono a donare a noi, ma se ne siamo consapevoli cresceremo insieme nella nostra capacità di volerci bene davvero, con tutti i nostri limiti e di sentirci amati in profondità, per ciò che siamo, con tutte le nostre fragilità. Solo questo tipo di amore è davvero in grado di nutrire il cuore, sanare le ferite e donarci la gioia piena. L'amore non può limitarsi a coltivare l'egoismo dell'altro ha bisogno di reciprocità.

Se partiamo comunque dall'assunto che la nostra modalità di amare e quella degli altri non è mai perfetta, non carichiamo le persone a cui ci sentiamo affettivamente legati di mille aspettative che poi rischiano di essere puntualmente disilluse e ci fanno sentire nuovamente feriti.

Prova a lasciarti raggiungere dall'amore che l'altro è in grado di darti, senza pretendere che ti ami come tu vuoi essere amato, ma mettilo in grado di conoscerti più in profondità, perché possa comprendere cosa ti fa sentire il suo affetto e cosa invece ti porta a sentirti ferito. Spesso gli altri non si accorgono nemmeno di averci feriti. Il dialogo sincero è quindi fondamentale.

Comunque, più noi per primi impariamo a donare gratuitamente e incondizionatamente amore alle persone con cui ci relazioniamo, più lo stesso amore puro che sgorga dal nostro cuore sana le nostre ferite.

La spiritualità

È poi molto importante intraprendere un cammino spirituale per arrivare a poter fare l'esperienza dell'Amore purissimo, perfettissimo, incondizionato, personale, di Dio nei nostri confronti. Il nostro cuore è creato da Colui che è l'Amore infinito e ha bisogno di amore infinito e perfetto, che sia capace di saziare la sete della nostra anima. Proprio come è arrivato ad affermare sant'Agostino dopo la sua conversione: «*Tu Dio hai fatto il nostro cuore per te e il nostro cuore non trova pace finché non riposa in te*».

Per sanare le ferite del cuore la via maestra è la preghiera contemplativa, che ci permette di fare l'esperienza rigeneratrice e risanante dell'Amore di Dio. Quando permettiamo al suo Amore di raggiungere le piaghe più profonde del nostro cuore, ogni nostra ferita viene trasfigurata. Diventa così meno difficile riuscire a riaprire il cuore alle persone con cui abbiamo relazioni di amicizia, affetto, amore, per crescere insieme, imparare a conoscere le differenti modalità di sentirsi amati e permettere all'altro di raggiungere il nostro cuore con il potente balsamo del suo Amore.

Nella società dei consumi siamo indotti, con messaggi pubblicitari di ogni tipo, a illuderci che sono i beni materiali, il benessere economico, il divertimento, il successo a regalarci la felicità. Siamo così costantemente proiettati sui bisogni materiali che tralasciamo completamente quelli dello spirito. Nessuno ci insegna a coltivare la spiritualità, a rispondere ai bisogni del nostro spirito. Ma se non nutriamo di amore il nostro spirito, se non ci applichiamo con grande impegno a imparare la difficile *arte di amare*, non potremo mai essere veramente persone felici, perché con il passare del tempo le pretese dell'ego, *l'io passionale*, le troppe ferite ricevute e non riconosciute, non curate, ci renderanno incapaci di donare e lasciarci raggiungere dall'amore puro, che di fatto è l'unico in grado di ricolmare il nostro cuore di pace, di luce, di felicità profondissima. Certamente ci sono tante persone nella nostra vita che si impegnano a volerci bene ma nessuna è in grado di donarci quell'amore infinito e perfetto di cui il nostro cuore sempre inquieto ha una profonda sete. Per questo abbiamo bisogno di immergerci con passione in un cammino spirituale e di scoprire la bellezza della preghiera del cuore per arrivare a dissetarci alle sorgenti dell'Amore, lasciarci raggiungere dall'Amore di Dio che ci ama personalmente, perfettamente, senza sé e senza ma. Se siamo cristiani non possiamo tralasciare di farci raggiungere da una meravigliosa notizia che Cristo ci ha rivelato.

Perché Dio ha mandato nel mondo il suo figlio unigenito? Perché il Verbo di Dio si è fatto carne ed è venuto ad abitare in mezzo a noi (cfr. *Gv* 1)?

Lasciamo che sia Gesù stesso a rispondere: «*Io sono venuto perché abbiano la vita e l'abbiano in abbondanza*» (*Gv* 10, 10). «*Lo Spirito del Signore è sopra di me; per questo mi ha consacrato con l'unzione, e mi ha mandato per annunziare ai poveri un lieto messaggio, per proclamare ai prigionieri la liberazione e ai ciechi la vista; per rimettere in libertà gli oppressi,* (*Lc* 4, 18)»... «*a fasciare le piaghe dei cuori spezzati*» (*Is* 61, 1).

È davvero incredibile: il Signore della creazione si è fatto uomo, è venuto ad abitare in mezzo a noi per donarci di vivere in pienezza questa unica vita che ci è stata donata, per liberarci da tutto ciò che ci imprigiona, ci opprime, è venuto per fasciare le piaghe dei nostri cuori e ci ha amato fino a dare la sua vita per noi!

Prova a lasciarti raggiungere in profondità da questa incredibile buona notizia, dall'Amore incondizionato di Dio, l'unico capace di sanare le ferite più profonde del tuo cuore. Prova a scoprire la preghiera del cuore per non limitarti a recitare raramente e distrattamente qualche preghiera imparata a memoria, giusto per adempiere al "compitino di bravo cristiano" e nella speranza di "acquistare così qualche piccolo buono Paradiso". Impegnati nell'arte della preghiera contemplativa perché possa diventare un'esperienza intensa, necessaria, rigenerante. Immergiti completamente nell'Amore di Dio purissimo, nel Cielo della comunione con Colui che ti ama immensamente, eternamente, personalmente, così come sei, con tutte le tue povertà.

Per imparare la preghiera del cuore ci vuole impegno e determinazione ma imparare a pregare è la via per la pace vera, per la gioia piena, per la libertà interiore, per sentirci rivestiti di forza dall'alto, per la guarigione delle nostre ferite più profonde.

Inizia intanto con il dedicare ogni giorno un po' del tuo tempo alla meditazione. *Prova a meditare il Vangelo*, lasciandoti raggiungere in profondità da ogni parola – *per noi cristiani è parola di Dio, per chi non ha il dono della fede sono comunque parole di un grande uomo che ha cambiato la storia* – lascia che quelle parole parlino a te e *prova ogni giorno a scegliere e a vivere una frase di Gesù che ti più colpisce*. Rivolgiti a Dio, apri il tuo cuore e lasciati raggiungere dal suo Amore. L'Amore di Dio è un po' come il sole, se tu dedichi del tempo a lasciarti raggiungere dai raggi del sole, sia che tu te ne accorga o meno, qualcosa succede nel tuo corpo: ti abbronzi e il sole giova alla tua salute. Qualcosa di simile avviene nella nostra anima: se dedichiamo un po' di tempo alla meditazione e alla preghiera del cuore, al di là di ciò che sentiamo o meno, diamo l'opportunità a Dio di operare nel nostro spirito. L'unica cosa di cui Dio ha bisogno per poter operare in noi, è il nostro sì libero al suo Amore perché, pur essendo Onnipotente, non può non rispettare sempre la nostra libertà, sarebbe contro la sua natura: Dio è Amore e l'amore vero lascia libera la persona amata. È qualcosa di misterioso, ma con il tempo ci rendiamo conto che qualcosa di "tangibile" avviene nel nostro cuore e sentiamo grandi benefici nella nostra salute spirituale.

In poco tempo, se ti applichi con serietà nell'arte della meditazione e della preghiera, con l'aiuto di persone avanti nel cammino spirituale, potrai sperimentare una pace e una pienezza di gioia mai sperimentate prima. È fondamentale però che inizi a donare alle persone che incontri tutto l'amore di cui sei capace e permetti agli altri di raggiungerti con i loro tentativi di rispondere al tuo amore, e soprattutto che fai tutta la tua parte per lasciarti raggiungere dall'Amore di Colui che ti ama immensamente e perfettamente. Il cuore della preghiera infatti non sono le tante cose che tu chiedi a Dio ma è fare esperienza del suo Amore lasciarsi rigenerare e rinnovare da un Dio che ti ama immensamente anche se tu non lo sai o fai molta fatica a crederci.

Chiedi con insistenza lo Spirito Santo fino a sperimentare che è vero quanto ci rivela la Parola di Dio: «*L'amore di Dio è stato riversato nei nostri cuori per mezzo dello Spirito Santo che ci è stato dato*» (*Rm* 5,5); «*Io pregherò il Padre ed egli vi darà un altro Consolatore perché rimanga con voi per sempre: lo Spirito di Verità*» (*Gv* 14, 16).

Potrai finalmente sentire il tuo cuore rinnovato, sanato, traboccante di felicità e di amore!

Scopri il tuo spazio di libertà interiore

Più dedicherai tempo alla spiritualità, più scoprirai una nuova forza e un tuo spazio sacro di libertà interiore. Troppo spesso tendiamo a vivere la nostra vita in balìa degli eventi, delle nostre emozioni, stati d'animo, e reagiamo a quanto ci accade più o meno automaticamente. Se siamo nel traffico ci innervosiamo, se qualcuno ci tratta male ci sentiamo feriti e tendiamo a restare arrabbiati, se qualcuno ci guarda storto ci diventa subito antipatico, se qualcuno ci fa un complimento ci sentiamo gratificati... dimentichiamo che grazie al nostro spirito abbiamo sempre uno spazio di libertà che ci permette di essere noi a decidere quale, tra le tante possibili reazioni che possiamo avere rispetto a un determinato evento, sia quella migliore da scegliere.

Ad esempio, se resti imbottigliato nel traffico puoi decidere di restare arrabbiato tutta la giornata e rispondere nervosamente a chiunque incontrerai, o puoi scegliere che non ne vale la pena, tanto se ti arrabbi non risolvi niente e non fai altro che rovinarti definitivamente la giornata. Puoi piuttosto scegliere di approfittare di quel tempo per dedicarti a qualcosa di significativo: fare una telefonata per sentire come sta una persona cara, pregare, ascoltare qualche testo che possa arricchirti (ci sono diverse "app" che ti permettono di ascoltare testi che non hai mai il tempo di leggere), puoi ascoltare musica che ti metta di buon umore o che ti aiuti a meditare, puoi ascoltare qualche cd, qualche video su YouTube che ti sia di stimolo a migliorarti... sono tante le differenti possibili decisioni e scelte che possiamo adottare in ogni situazione per viverla al meglio. Ciò che fa la vera differenza nella nostra vita non è tanto ciò che succede ma il come noi scegliamo di vivere ogni situazione senza incolpare le persone o gli eventi esterni del nostro malessere ma prendendoci sempre la responsabilità nel gestire al meglio il nostro spazio di libertà per vivere bene ogni difficoltà e trasformarla in una nuova opportunità. *Quando capiamo che non siamo mai costretti da niente e da nessuno a reagire a un determinato evento in un modo che è quello con cui abbiamo sempre reagito, ma che ci porta a sentirci in balìa di uno stato d'animo tutt'altro che positivo, possiamo davvero prendere in mano la nostra vita*. Non possiamo più dare agli altri la colpa del nostro malessere ma dobbiamo prendercene noi la responsabilità senza continuare a cercare capri espiatori fuori da noi stessi. Non abbiamo la possibilità di cambiare gli eventi e le persone ma certamente possiamo cambiare noi stessi e possiamo sempre impegnarci a crescere nella consapevolezza che la differenza sta nel come noi decidiamo di reagire, vivere e affrontare anche le situazioni più difficili. *Grazie alla forza spirituale che è in noi in ogni situazione, anche quelle più drammatiche, abbiamo sempre mille possibili diverse opzioni, sta sempre a noi prendere la decisione migliore per trasformare ogni difficoltà in una nuova opportunità, disintossicare la nostra mente dai continui pensieri negativi per sostituirli con pensieri positivi che ci aiutino a custodire l'amore e la felicità che ne è sempre il frutto*, anche nelle situazioni obiettivamente dolorose.

Disinnesca gli automatismi

Ci sono tante persone che quando vivono situazioni drammatiche sprofondano in una terribile depressione. Altre che invece reagiscono a quello stesso dramma tirando fuori delle risorse incredibili e diventando punto di riferimento per tanti.

È allora davvero importante, per potere vivere al meglio ogni attimo di vita che ci viene regalato, diventare consapevoli che è vero che alcune ferite che abbiamo ricevuto ci hanno condizionato nel reagire automaticamente a certe situazioni, restando in balìa di un profondo malessere e di tanta rabbia, soprattutto quando ci troviamo a dover rivivere esperienze in cui ci sentiamo toccati nel vivo di qualche ferita profonda. Ma è ancora più vero che nessuno può privarci del nostro spazio di libertà interiore in cui abbiamo la grande opportunità di decidere, attimo dopo attimo, come vivere al meglio e chi vogliamo essere oggi, al di là di ciò che siamo stati fino a ieri. Se fino a ieri la mia modalità di fuga, dinnanzi alla fatica e alle tante possibili frustrazioni derivanti dal non sentirmi all'altezza, è stata la pigrizia, l'apatia, da oggi posso decidere di vivere ogni istante con passione ed entusiasmo per scoprire le mie grandi potenzialità e tirare fuori il meglio di me. Se invece per anni sono stato vittima del vizio del fumo e ho continuato a spendere una quantità considerevole di soldi preziosi per avvelenare il mio corpo sistematicamente, con la scusa che il fumo mi aiuta a placare l'ansia, in questo momento posso decidere di non accontentarmi più di ingerire una sostanza come la nicotina che mi dà solo la sensazione momentanea di calmare l'ansia ma di fatto, trattandosi di un eccitante, non potrà che aumentarla. Posso scegliere di non avvelenarmi più con il fumo e di individuare e sradicare piuttosto le vere cause che mi rendono ansioso. Posso scegliere di liberarmi una volta per tutte da una dipendenza che distrugge lentamente il mio fisico e di fatto non risolve il mio problema di ansia perché non fa altro che aumentarla. Se acquisto consapevolezza del mio spazio di libertà interiore e rafforzo la mia forza spirituale, sarò sempre più capace di avere discernimento e capacità per prendere nuove decisioni e vivere al meglio la mia vita, qualsiasi siano le diverse situazioni che sono chiamato ad affrontare. *Posso finalmente non subire passivamente ciò che accade ma scegliere, sia per quanto riguarda i piccoli che i grandi malesseri di ogni giorno, di trovare modalità migliori per affrontare le tante sfide che la vita mi presenta.*

Più crescerà in te questa consapevolezza di quanto malessere inutile vivi restando in balìa dei tuoi automatismi, dipendenze, più aumenterà il desiderio e la capacità di escogitare modalità sempre nuove e più sane di reazione, convinzioni positive e nuovi modelli di pensiero, fino a che diventerai capace di migliorare notevolmente la qualità della tua vita. Potrai con costante impegno migliorare su tutti gli aspetti e liberarti di quelle abitudini, atteggiamenti, vizi, caratteristiche che rendono conflittuali le tue relazioni e che sono di grande impedimento nel donare e ricevere amore.

Riprogramma il tuo "navigatore interiore"

Anche per quanto riguarda le tante ferite condizionanti che abbiamo cercato di individuare fino a ora, è importante scoprire quali sono i diversi "automatismi" negativi con cui reagiamo, che nel tempo abbiamo interiorizzato. Dobbiamo prendere con risolutezza la decisione di disinnescarli, sapendo che grazie alla nostra forza spirituale e al nostro spazio di libertà interiore questo è sempre possibile, purché iniziamo a prenderci la responsabilità di ogni piccola o grande decisione e "riprogrammiamo" le impostazioni del nostro "navigatore interiore". Sono tanti gli automatismi che nel corso della vita tendiamo a interiorizzare più o meno inconsapevolmente ma abbiamo sempre la possibilità di valutare se le nostre modalità automatiche di reazione a determinate situazioni sono davvero quelle migliori per vivere una vita felice, piena di significato, di entusiasmo, per raggiungere le mete significative che ci siamo prefissati per il viaggio della nostra vita.

Se ad esempio sono una persona timorosa e una delle mie ferite condizionanti è: «sbagli sempre, non sei all'altezza!», tenderò a vivere con timore ogni novità che di fatto può essere però anche una grande possibilità. Ma più lascio spazio alla paura più pongo io stesso le premesse perché ciò che temo si verifichi, perché la paura ci blocca, inibisce le nostre capacità e potenzialità. Se mi lascio invadere dall'ansia da prestazione con tutta probabilità il livello della mia prestazione invece che aumentare diminuirà. Se ho paura di non fare una bella figura con qualcuno è molto più facile che mi mostrerò particolarmente impacciato, poco spontaneo, insicuro. Tenderò inoltre a giocare in panchina la partita della mia vita, lasciando che siano gli altri a correre il rischio di sbagliare ed essere criticati. Così mi priverò però anche di tutta la gioia nel provare a esprimere il meglio di me, l'ebrezza dei tanti goal possibili, la gioia di migliorare, l'entusiasmo per le vittorie. Posso allora sempre prendere la decisione di non lasciarmi più bloccare in automatico dalla paura. Ogni volta che il timore riaffiora e rischio di privarmi di una nuova possibilità posso scegliere di non lasciarmi più bloccare dalle mie paure e di mettermi in gioco.

Posso decidere di vivere ciò che suscita in me timore come una nuova opportunità, una sfida per mettere a frutto e scoprire le mie potenzialità, con una nuova consapevolezza che non esistono fallimenti ma solo possibilità di nuove esperienze da cui imparare sempre qualcosa di nuovo per crescere e migliorarmi.

Se sono un edonista abituato a evitare in ogni modo le situazioni dolorose, coprendo l'eventuale malessere con qualcosa di piacevole, che mi possa anestetizzare, posso decidere di non permettere al mio navigatore interiore di impostarsi in automatico continuando a scegliere *ciò che mi piace* e che il più delle volte mi rende dipendente. Posso piuttosto prendere la decisione di impostarlo di volta in volta su *ciò che è bene* anche se doloroso o faticoso.

Se sono sempre condizionato dalla paura di ciò che penseranno gli altri posso scegliere di non vivere più sotto il ricatto delle loro aspettative per iniziare invece a sperimentare la bellezza di dire con semplicità e coerenza ciò che penso realmente, ciò che provo, ciò in cui credo. Posso decidere di riscoprire la bellezza e la libertà di essere me stesso senza dovere più indossare mille maschere pur di sentirmi accettato.

Posso individuare i miei automatismi dovuti a tante ferite condizionanti, atteggiamenti e comportamenti acquisiti e disinnescarli. Posso reimpostare il mio "navigatore" in coerenza con i miei valori e le mie aspirazioni spirituali più profonde, programmarlo per raggiungere quelle grandi mete in grado di riempire di senso ogni attimo della mia vita.

È molto più facile guidare con il pilota automatico, non si fa nessuna fatica, ma se ci sono degli errori nell'impostazione del navigatore non arriveremo mai dove desideriamo davvero andare. Bisogna allora impostare di volta in volta il nostro navigatore fino a che nel nostro inconscio avremo interiorizzato nuove modalità di reazione che ci portino a ottimizzare le nostre potenzialità e a vivere una vita piena di amore e quindi di felicità. Poco alla volta possiamo imparare ad avere sempre il controllo del timone della nostra vita e non saremo più in balìa delle emozioni, pensieri, stati d'animo negativi. Non saremmo più guidati, condizionati dalle nostre pulsioni, passioni, dipendenze, vizi, debolezze, ferite non riconosciute. Non permetteremo più che sia il "pilota automatico" a decidere la direzione della nostra giornata e della nostra vita ma viaggeremo in piena coerenza con gli obiettivi che di volta in volta individuiamo e saremo finalmente in grado di raggiungerli.

La tua ferita si rimarginerà presto

A volte, anche chi fa un percorso di psicoterapia, dopo aver individuato le proprie ferite, può cadere nella trappola di dare la colpa di ciò che non è andato bene a chi di volta in volta ne è stato l'autore e trova così ogni volta qualcuno con cui prendersela: «È tutta colpa di mio padre, è colpa di mia madre che non hanno saputo amarmi come avrebbero dovuto! È colpa di questa società marcia se nella mia vita tutto va a rotoli! È colpa dei miei amici che mi prendevano sempre in giro! È tutta colpa del mio fidanzato/a che non mi ama abbastanza, non mi dà le attenzioni di cui ho bisogno, non si accorge di quanto io sto male! È solo colpa degli altri se io sto così male: sono tutti così egoisti, nessuno mi capisce e mi dà l'amore di cui ho bisogno!».

Delegare agli altri la responsabilità di ciò che ci impedisce di essere pienamente felici è una grande trappola perché, come ho già sottolineato, l'amore umano ha i suoi limiti e nessuno ha la sfera di cristallo per fare precisamente ciò che noi vorremmo e per non fare mai degli errori che ci fanno sentire feriti. Troppo spesso però basta uno sbaglio che l'altro fa nei nostri confronti, per dimenticare tutto il bene che quella stessa persona ci ha regalato, come se tutto il resto fosse stato dovuto, scontato. Certo che i nostri genitori possono avere fatto con noi degli errori più o meno grandi, gravi, che ci hanno ferito in profondità, condizionato ma non possiamo per questo dimenticare tutti i sacrifici che hanno fatto e sempre fanno per noi, tutto l'amore che ognuno, magari a modo suo, ha cercato di donarci. Se poi uno di loro ci ha abbandonato, con tutta probabilità non l'avrà fatto per cattiveria ma probabilmente perché a sua volta ha avuto qualche problema, magari per immaturità o per mille altri motivi di cui non siamo a conoscenza. Con tutta probabilità non era consapevole del dolore che questa sua decisione ci avrebbe fatto provare e delle ripercussioni negative che avrebbe avuto su di noi.

Forse ne era anche un po' consapevole ma per una serie di sue povertà, fragilità, non è stato in grado di agire diversamente. Fatto sta che noi non possiamo cambiare gli altri, gli avvenimenti, possiamo solo cambiare le nostre modalità di reagire a ciò che gli altri fanno, alle situazioni dolorose che ci troviamo a dovere affrontare. Possiamo decidere di non lasciare più agli altri il potere di continuare a farci stare male.

Ogni volta che qualcuno ci tratta male, abbiamo pur sempre nel nostro spirito uno spazio di libertà interiore in cui possiamo scegliere tra le tante differenti possibilità che abbiamo di reagire al meglio. Possiamo decidere ad esempio se continuare rimuginare su quelle parole che ci hanno ferito, restando per settimane pieni di rabbia e di malessere o possiamo semplicemente decidere che non vale la pena di lasciare a qualcun altro il potere di continuare a farci perdere tempo prezioso ripensando a ciò che ci ha detto. Magari anche lui stava molto male, era nervoso o arrabbiato e non voleva affatto ferirci. Comunque il fatto che sia arrivato a ferirci non è un buon motivo per sprecare altro tempo nell'alimentare il nostro malessere continuando a ripensare a ciò che ci ha fatto male. Possiamo decidere di non pensarci più e impegnarci piuttosto in qualcosa di bello. Appena poi si presenterà il momento opportuno potremmo decidere di chiarirci e spiegargli che quelle parole ci hanno ferito e perché. Possiamo metterlo nelle condizioni di capire ciò che noi viviamo e di spiegarci perché lui ci ha trattato così... magari anche noi lo avevamo ferito senza neanche rendercene conto. Troppo spesso permettiamo a chi ci ferisce di continuare a farci stare male per un lungo tempo: continuiamo a pensare a ciò che ci è stato fatto/detto, restiamo arrabbiati e a volte iniziamo a covare rancore che è un altro veleno pericolosissimo per il nostro cuore.

Di fatto se il nostro cuore sanguina per qualche motivo la via più veloce perché quella ferita possa rimarginarsi è evitare di restare ripiegati su di noi per metterci invece subito ad amare.

L'amore che noi decidiamo di donare, nonostante ci sentiamo feriti, è un balsamo potente per il nostro cuore. C'è una frase molto bella in proposito nella Bibbia che ci rivela una via veloce perché le nostre ferite possano rimarginarsi: «*Non è piuttosto questo il digiuno che voglio: sciogliere le catene inique, togliere i legami del giogo, rimandare liberi gli oppressi e spezzare ogni giogo? Non consiste forse nel dividere il pane con l'affamato, nell'introdurre in casa i miseri, senza tetto, nel vestire uno che vedi nudo, senza distogliere gli occhi da quelli della tua gente? Allora la tua luce sorgerà come l'aurora, la tua ferita si rimarginerà presto*» (*Is* 58, 6-8).

Fai agli altri ciò che vorresti fosse fatto a te

È bello sapere dalla Parola di Dio che la chiave perché le nostre ferite si rimarginino presto è proprio donare amore, fare di tutto per chi si trova in situazioni di difficoltà. Il più delle volte quando siamo feriti tendiamo a ripiegarci su noi stessi e il dolore continua ad aumentare. Se invece riusciamo, grazie alla forza dello spirito, a uscire da noi stessi per metterci in donazione e fare qualcosa di bello per chi soffre più di noi, il potente balsamo dell'amore che doniamo entra in azione, ciò che doniamo ci torna indietro e il nostro cuore guarisce.

Non restare lì in attesa che qualcuno si prenda cura di te. *Fai agli altri ciò che vorresti fosse fatto a te!* Ti senti afflitto? prova a consolare chi soffre più di te. Ti senti tradito? Cerca di portare sollievo a qualcuno che sta vivendo il dolore di un tradimento. Ti senti abbandonato? Cerca qualcuno che si sente solo, emarginato e cerca di renderlo felice. Nessuno ti chiama per andare a fare un giro, chiama tu qualcuno e fagli sentire che è importante per te, che ti sta a cuore. «*Date e vi sarà dato; una buona misura, pigiata, scossa e traboccante vi sarà versata nel grembo!*» (*Lc* 6,38). Più doni amore più sperimenterai una nuova misura traboccante di amore, di pace, di gioia nel tuo cuore. Non aspettarti che gli altri di cui ti stai prendendo cura rispondano al tuo amore, perché spesso non ne sono capaci, ma stai certo che se il tuo amore è puro e disinteressato Colui che è l'Amore potrà riversare nel tuo cuore il suo stesso Amore, che è il più potente balsamo di guarigione che esista.

La tua luce risplenderà come l'aurora

Più sarai capace di non ripiegarti sulla tua sofferenza ma di portare consolazione a tanti che soffrono più di te, più sperimenterai che quelle tenebre che stavano imprigionando la tua anima all'improvviso si diradano, la luce dell'amore inizia a risplendere nuovamente nella tua vita e riscalda non solo il cuore delle persone di cui hai deciso di prenderti cura nonostante il tuo cuore sanguinasse, ma quella luce e quel calore raggiungeranno in profondità anche le tue ferite, le tue voragini: *la tua luce risplenderà come l'aurora*. Non solo non ti sentirai più al buio ma misteriosamente sarai tu a portare luce e vedrai germogliare la gioia nei cuori di coloro a cui doni amore. *Una misura pigiata, scossa, traboccante verrà versata nel tuo cuore* e pur nella sofferenza sperimenterai una gioia misteriosa che il mondo non può donare e non può togliere!

«Rimanete nel mio amore... *Questo vi ho detto perché la mia gioia sia in voi e la vostra gioia sia piena*» (*Gv* 15, 9-11).

Ti senti a pezzi, sanguinante, ferito a morte, distrutto, scoraggiato, tradito, deluso, schiacciato dal peso di croci troppo pesanti per le tue fragili spalle? Continua ad amare! Rimani nel suo Amore! *L'amore vince, l'amore guarisce le ferite più profonde, l'amore è pace, è gioia è forza, è come l'aurora che illumina le più fitte tenebre della notte. L'amore fa miracoli perché Dio è Amore! Quando doniamo amore senza aspettarci niente in cambio apriamo il nostro cuore a Dio e a Lui niente è impossibile!*

Impegnati nel rendere felici le persone che ami

È facile cadere nella trappola del: «sono fatto così e se l'altro mi ama deve accettarmi per quello che sono!», piuttosto che ammettere in verità tutti i propri difetti e atteggiamenti egoistici che feriscono gli altri e decidere di cambiare perché non vogliamo assolutamente fare più niente che possa ferirli. Se amiamo realmente qualcuno la nostra attenzione non può essere incentrata su ciò che l'altro dovrebbe fare per dimostrarci il suo amore, ma su ciò che noi desideriamo fare perché la persona che amiamo possa essere davvero felice.

Individuare e vigilare sulle tante sfumature di egoismo che possono prendere il sopravvento rispetto alle persone che diciamo di amare è una delle battaglie più ardue, perché le pretese dell'ego sono forti e in ogni relazione, se non c'è un grande esercizio a essere sempre nell'amore, tendono a ripresentarsi con prepotenza.

Ci può essere di grande aiuto individuare tutti i nostri difetti, atteggiamenti, che ci impediscono di amare l'altro così come ha bisogno di sentirsi amato. È importante non solo lavorare sulle nostre sfumature di egoismo ma anche metterci in ascolto di ciò che fa sentire l'altro più amato. Ognuno ha alcune modalità specifiche con cui si sente più amato che spesso non coincidono con le nostre. È importante scoprirle e comunicarle.

Hai già fatto l'esercizio per individuare i tuoi difetti, punti di fragilità, pretese dell'ego, prova ora a farti aiutare anche a fare verità rispetto ai tuoi comportamenti e atteggiamenti che tendono a ferire le persone. Non è certo un esercizio piacevole ma i frutti nel migliorare la qualità delle tue relazioni, se ti ci impegni a fondo e con costanza, possono essere davvero straordinari.

Cerca inoltre di individuare ciò di cui hai più bisogno per sentirti amato e ciò di cui le persone con cui ti relazioni hanno più bisogno per sentirsi amate. Cosa potresti fare di più per renderle felici.

Non aspettare mai che siano gli altri a volerti bene, dona amore disinteressato tu per primo a tutti e sempre. L'amore ha una caratteristica meravigliosa, più lo doni e più si moltiplica, ricolma in abbondanza il tuo cuore e ne guarisce tutte le ferite più profonde.

Domande di approfondimento (rispondi per iscritto)

• Mi lascio raggiungere dall'amore delle persone che mi vogliono bene?

• Mi sento amato/a per ciò che sono, con tutte le mie fragilità e limiti o sento che l'amore che ricevo è per lo più condizionato e che per ricevere stima, affetto, amore, devo rispondere a ciò che gli altri si aspettano/pretendono da me?

• Cosa faccio per sentirmi accettato/a amato/a?

• Qual è la mia modalità di volere bene agli altri?

• Sono più focalizzato/a su ciò che gli altri dovrebbero fare per me, per dimostrarmi che davvero mi vogliono bene o su cosa potrei fare io di più perché gli altri si sentano amati da me, per renderli felici?

• Sono per lo più attento a rispondere ai miei bisogni materiali o do la giusta attenzione anche a quelli dello spirito?

• Quali sono i principali bisogni del mio spirito? Quali le risposte concrete?

• Quali sono gli impegni che vivo per la mia crescita spirituale?

• Ho imparato la preghiera del cuore? Quali sono i frutti che sperimento? Tendo a pregare con fatica, distrazione, superficialità o sento che la preghiera è per me necessaria e rigenerante?

• Che cosa posso fare di più per lasciarmi raggiungere in profondità dall'Amore infinito, personale, rigenerante, risanante di Dio per me?

• Presento a Dio con fiducia ogni ferita del mio cuore? Permetto a Gesù di fasciare le piaghe del mio cuore spezzato? Chiedo il dono dello Spirito Santo?

• Dedico del tempo alla meditazione della Parola di Dio? Mi lascio mettere in crisi? Scelgo ogni giorno una frase del Vangelo da vivere?

• Reagisco più o meno automaticamente alle situazioni difficili e a ciò che gli altri mi dicono e tendo poi a restare in balìa del malessere?

• Sono consapevole che anche se spesso non posso cambiare le persone e gli eventi esterni, la vera differenza nella mia vita la fa il come io scelgo di vivere ogni situazione, senza incolpare le persone o gli eventi del mio malessere, ma prendendomi sempre la responsabilità nel gestire al meglio il mio spazio di libertà per vivere positivamente ogni tipo di situazione e trasformarla in una nuova opportunità?

• Come tendo a reagire alle persone che mi feriscono e alle situazioni dolorose?

• Ci sono degli automatismi che dovrei disinnescare per vivere al meglio la mia vita? Come? Cosa potrei fare per riprogrammare il mio navigatore interiore per poter raggiungere le mete che mi prefisso e per poter vivere ogni attimo del viaggio della mia vita più felicemente?

• Ho il controllo del timone della mia vita o resto spesso in balìa delle emozioni, dei pensieri, degli stati d'animo negativi? Sono guidato, condizionato dalle pulsioni, passioni, dipendenze, vizi, debolezze, ferite non riconosciute e permetto spesso che sia il "pilota automatico" a decidere la direzione della mia giornata, sprecando energie e tempo prezioso?

• Mi impegno nel fare agli altri ciò che vorrei che fosse fatto a me? Faccio l'esperienza che quando l'amore che dono agli altri è davvero puro e disinteressato Colui che è l'Amore riversa nel mio cuore il suo stesso Amore, che è il più potente balsamo di guarigione che esista?

• Di cosa ho più bisogno per sentirmi amato/a? Di cosa hanno bisogno le persone con cui mi relaziono per sentirsi amate da me? Ce lo siamo mai detto? Cosa posso fare in più per far loro sentire il mio affetto e per renderle più felici?

• Prenditi del tempo di qualità per rispondere a queste domande. Poi fai leggere le tue risposte a qualcuno che ti conosce bene e che ti ama davvero e dedica del tempo di qualità per confrontarti con loro e ascoltare con molta attenzione il loro punto di vista? Condividono quanto hai scritto? Su cosa non sono d'accordo? Cosa risponderebbero di diverso?

Parola di luce. Esperienza risanatrice

«Io sono venuto perché abbiano la vita e l'abbiano in abbondanza» (Gv *10, 10).*

«Lo Spirito del Signore è sopra di me; per questo mi ha consacrato con l'unzione, e mi ha mandato per annunziare ai poveri un lieto messaggio, per proclamare ai prigionieri la liberazione e ai ciechi la vista; per rimettere in libertà gli oppressi» (Lc *4, 18).*

«L'amore di Dio è stato riversato nei nostri cuori per mezzo dello Spirito Santo che ci è stato dato» (Rm *5, 5).*

«Io pregherò il Padre ed egli vi darà un altro Consolatore perché rimanga con voi per sempre: lo Spirito di Verità» (Gv *14, 16).*

«Non è piuttosto questo il digiuno che voglio: sciogliere le catene inique, togliere i legami del giogo, rimandare liberi gli

oppressi e spezzare ogni giogo? Non consiste forse nel dividere il pane con l'affamato, nell'introdurre in casa i miseri, senza tetto, nel vestire uno che vedi nudo, senza distogliere gli occhi da quelli della tua gente? Allora la tua luce sorgerà come l'aurora, la tua ferita si rimarginerà presto» (Is *58, 6-8).*

«Date e vi sarà dato; una buona misura, pigiata, scossa e traboccante vi sarà versata nel grembo!» (Lc *6, 38).*

«Rimanete nel mio amore... Questo vi ho detto perché la mia gioia sia in voi e la vostra gioia sia piena» (Gv *15, 9-11).*

Passaggi fondamentali

- Aprire il cuore per permettere all'amore di Dio e delle persone che ci vogliono bene di raggiungerci.
- Focalizzare l'attenzione non più su ciò che gli altri dovrebbero fare per dimostrarmi il loro affetto, ma su cosa posso fare io per fare arrivare il mio amore alle persone con cui mi relaziono e renderle più felici.
- Dedicare più tempo alla spiritualità, alla meditazione, a imparare la preghiera del cuore. Presentare le mie ferite a Colui che è in grado di guarirle.
- Disinnescare gli automatismi, prendere in mano il timone nel viaggio della mia vita, riprogrammare ogni giorno il mio "navigatore interiore" per viverla al meglio.
- Dialogare di più con le persone che amo. Metterle in condizione di comprendere ciò che mi fa sentire ferito o amato. Chiedere loro di fare altrettanto.

Conclusioni

Eccoci alla conclusione di questo libro ma non certo del percorso iniziato.

Abbiamo cercato di fare insieme un viaggio nel cuore. Abbiamo provato a individuarne le ferite, i “buchi neri”, i bisogni non riconosciuti, le aspirazioni più profonde e forse sei diventato più consapevole di quanto alcune ferite, soprattutto quelle più profonde ricevute nell’infanzia e quelle riguardanti l’affettività e la sessualità, possano non solo condizionarci per tutta la vita e rendere difficili le nostre relazioni ma possono addirittura portarci a chiudere il cuore.

Spero che questo viaggio ti abbia aiutato a comprendere meglio che se le tante ferite che continuamente riceviamo non vengono immediatamente curate, possono portarti a mettere una corazza sul cuore per evitare di restare vulnerabili e soffrire ancora. Il problema vero è che se permetti alla paura di amare e di soffrire di prendere il sopravvento ti priverai di una vita felice.

Il segreto infatti perché il nostro cuore possa essere traboccante di gioia sta proprio nell’amore, nel mantenere sempre viva la capacità di donare e ricevere amore, al di là della profondità delle ferite ricevute.

È quindi davvero di vitale importanza imparare a disinnescare la trappola mortale in cui è facile restare imprigionati: ferita, dolore, rabbia! La rabbia ti porta poi a ferire e a ricevere nuove ferite in un circolo vizioso subdolo che talvolta ti porta a chiudere completamente il cuore.

Abbiamo visto anche alcune modalità per liberarci da questo tipo di trappola e alcuni passaggi fondamentali da fare per curare le ferite del cuore.

Ti ricordo allora in sintesi l'importanza di alcuni punti perché possano essere una piccola bussola a cui fare sempre riferimento nel percorso di guarigione del cuore che hai solo iniziato ma che, visto che purtroppo riceviamo sempre nuove ferite, da ora in poi dovrebbe durare tutta la vita:

- prendere consapevolezza della meraviglia stupenda che sei, al di là della poca autostima che potresti avere interiorizzato a causa di giudizi, etichette, messaggi negativi subiti. Scoprire e disinnescare le trappole che ti impediscono di fare risplendere in tutta la sua bellezza l'immenso potenziale racchiuso nel tuo spirito.
- L'io passionale, l'io ideale, l'io limitante se non li individui con molta chiarezza e non ti decidi a camminare secondo lo spirito, ti condizionano pesantemente nelle tue scelte, generano un continuo malessere nell'anima e ti sono di grande impedimento nel donare e ricevere amore, nel vivere quindi ogni attimo in pienezza e nella gioia.
- Le tante ferite subite possono portarti a credere che non vai bene così. Se non stai bene con te stesso difficilmente potrai stare bene con gli altri. È dunque necessaria innanzitutto una profonda riconciliazione con te stesso.
- Le tue convinzioni acquisite condizionano i tuoi pensieri, che a loro volta condizionano i tuoi stati d'animo e più in generale tutte le situazioni che vivi. Quindi più

hai interiorizzato convinzioni negative su di te, più sei tu il primo a porre le premesse per vivere negativamente la tua vita. Puoi però decidere di pulire la tua mente da convinzioni e modelli di pensiero negativi per sostituirli con nuovi atteggiamenti positivi e costruttivi. Più saprai impegnarti in questo con determinazione, vigilando sempre su qualunque pensiero e stato d'animo negativo, più aumenterà la qualità della tua vita e la felicità tua e delle persone con cui ti relazioni.

- Ciò che ci distingue da tutte le altre creature è che nel nostro spirito abbiamo un potenziale divino e c'è sempre uno spazio di libertà per non restare in balìa degli eventi ma prendere in mano il timone della nostra vita per viverli al meglio. Non sono le persone e le situazioni che viviamo la causa della nostra infelicità ma il come noi decidiamo di vivere le tante difficoltà che la vita ci presenta e di reagire alle persone con cui ci relazioniamo. Più imparerai a vivere al meglio ogni attimo più potrai essere felice. Non sarai più in ostaggio delle persone e degli eventi.
- Le ferite del cuore non possono mai essere trascurate altrimenti possono fare infezione e renderti "disabile" nell'amore, se non del tutto incapace. Per la guarigione del cuore è importante fare con costanza gli esercizi suggeriti in questo manuale pratico e avere sempre presenti alcune parole chiave: revisione di vita, consapevolezza, perdono, amore, verità, riconciliazione, spiritualità, fede, autostima. Gioia, entusiasmo, gratuità, cambiamento, semplicità, dialogo, fiducia, gratitudine, positività, coerenza, libertà interiore, perseveranza. Preghiere, parole di luce esperienza risanatrice, obiettivi e mete in sintonia con le aspirazioni più profonde del nostro spirito, migliorare sempre per amare di più e meglio.

Spero che questo viaggio nel cuore e nell'immensità del tuo spirito ti sia stato di aiuto nell'individuare, riconoscere, alcune ferite condizionanti, trappole e nel decidere di mettere tutto l'impegno necessario per liberare l'angelo che è in te.

Non accontentarti della prima lettura, rileggi un capitolo alla volta e lavora ogni mese a fondo sulla relativa scheda con le domande di approfondimento e i passaggi fondamentali da interiorizzare. Fino a che non avrai sostituito, agli atteggiamenti condizionanti, nuovi atteggiamenti e abitudini sane non potrai esprimere al meglio il potenziale meraviglioso che è in te.

Ti auguro di continuare sempre a scoprire le immense potenzialità racchiuse nel tuo spirito, di non accontentarti mai di vivacchiare, di prendere la decisione di vivere ogni attimo in pienezza, impegnarti a migliorare ogni giorno un po' e portarla avanti per tutta la tua vita.

Hai una vita sola, spendila per qualcosa di grande, vivila al meglio: ogni istante che ti viene regalato è un dono unico, non tornerà mai più! E non credere a ciò che il mondo ti vuole fare credere quando ti giudica, ti svaluta e ti dice in mille modi che non vai bene così. Tu sei il capolavoro del Grande Artista e tutto ciò che in te è stato sfigurato può essere trasfigurato, perché possa risplendere la meraviglia che sei in tutta la sua bellezza. Tutto è possibile per chi crede! Vedrai miracoli se crederai nella forza dell'amore o meglio in Dio che è Amore.

Che tu possa vivere ogni attimo immerso nello stupore della contemplazione di quei meravigliosi orizzonti sempre nuovi di luce, gioia, libertà, pace, pienezza che l'Amore sempre ci dischiude!

Ti aspetto in Cittadella Cielo a qualche seminario di *spiritherapy*: arte d'amare e conoscenza di sé, per approfondire il percorso iniziato insieme.

E gioia sia! E che sia sempre piena!

Indice

7. Guarire il cuore

8. Per-dono

9. L'AMORE

Questo libro non è vendibile
se sprovvisto del presente tagliando

PROVA D'ACQUISTO
LA GUARIGIONE DEL CUORE
566-6082-1